会社を辞めて建築家になった

I left an architectural design company to become an independent architect

坂牛卓
Taku Sakaushi

会社を辞めて建築家になった――I left an architectural design company to become an independent architect

本書は建築設計を仕事にするための指南書です。そして読んでいただきたいのは次の方々です。
①大学で建築の勉強をしようか迷っている高校生
②設計系の職場に就活をしている建築学科の大学生
③設計事務所で働き独立しようか迷っている建築士の皆さん

タイトルが「会社を辞めて」という刺激的な言葉で始まるのは、リンダ・グラットンの世界的なベストセラー『ライフ・シフト』（東洋経済新聞社、二〇二一年）の考え方に影響を受けているからです。グラットンは人生がこれまでの「学び」「働き」「老後」という三ステージから、人生一〇〇年時代になり、「学び」「探検」「自律」「多様な働き」という風なマルチステージを生きるようになるだろうと述べています。そしてその一つのステージとして「自律＝会社を辞める」があります。つまりマルチステージを生きるためには、仕事のやり方も多様になり、誰かの下で、あるいは共同で、働くだけではなく、個として自律して働くことの重要性を説いています。

　そこで本書は日建設計で修行し、退職してO.F.D.A.という個人事務所を立ち上げた私の経験を下敷きとしてお話しします。しかし、会社を辞めるためのノウハウをお伝えすることが目的ではありません。自らの人生を自らの力で開拓しながら建築の設計を仕事としていくための参考として、体験談をお伝えすることが目的です。

　そこで本書の構成は、まずは建築家の仕事はどんなことで、どこでするのかということから始めます。そして建築家とはどういう人種でどんな性格の人間たちかを説明します。そこから話は大学で学んだことに移り、その後は人生の流れに沿ってお話しします。学びを終えて就職するための就職活動の方法や実態、会社で辞めるまでに学んだこと、最後に会社を辞めてからしたことをお伝えします。人生を先回りしながら、本音の建築界を教えます。そして皆さんが、ああ、あそこでこうしておけば良かったなと後悔しないようにこの本を読んで建築人生を計画してみてください。

　またそれぞれのライフステージで読んだらためになるだろうと私が思う、人生指南になる書を解説しました。ちょっと難しい本もありますが読んでみてください。

序 Prologue 011

I 学ぶ Learning 033

II　働く準備　Preparing for work　065

カール・マルクス『資本論』
ハンナ・アレント『人間の条件』
ピエール・ブルデュー『ディスタンクシオン』

Ⅲ 働く

Getting to work 097

Ⅳ　自律して働く　Working independently　167

序

Prologue

建築の設計は大きく分けて五つの異なる場所で行われています。場所が違えば内容も少しは違います。もちろんどれも建築の設計なのだから本質的には同じですが、例えば医療というものも、大学病院と県立病院と町の医院では役割分担が少し違います。それと同じように建築の場合も、大企業で設計は行われ、町の医院に相当するようなアトリエでも、大学でも行われています。それらは少しずつ役割が違います。そこで異なる五つの場所とその業態を見てみましょう。次にそんな場所で働く建築家という人種の属性をのぞいてみます。一体彼らはどんな人たちで何を目指して仕事をしているのでしょうか。本書の序としてこの二つのことをまずお話しします。

01

建築設計の業態

Architectural design business

本書では著者が体験した会社と個人事務所の話が登場するわけですが、そもそも建築家の仕事はどこで行われているのでしょうか。その組織や業態で職能はどのように変るのでしょう？

建築設計が行われている五つの場

建築設計は誰によってどこで行われているのか、簡単にご説明しようと思います。建築設計を生業とする者は、独立した個人事務所を持っていても、企業に雇用されていてもアーキテクト、建築家と呼ばれることがありますが、日本に建築家という職能が登場するのは明治時代です。その頃建築家とは、いい家柄の出身で、多くの資産家の親族がいて仕事は比較的容易に獲得できたようです。それを持ち前の個性でこなした人は、それなりの社会的評価を得て、先生と呼ばれるような立場になれました。というのも建築家になるための勉強をする大学も数えるほどしかなかったのですから当然でしょう。ただそういう状況は何も建築に限りません。明治維新後日本に近代的な大学ができて高等教育が始まった頃は、全ての分野で大学を出たらそれなりの職に就けた時代です。明治時代は〈日本銀行本店〉を設計した辰野金吾に始まり、〈赤坂離宮〉を設計した片山東熊、〈帝国劇場〉を設計した横河民輔、大正時代に入ると〈歌舞伎座〉を設計した岡田信一郎、〈安田講堂〉を設計した内田祥三、岸田日出刀らが登場します。さらに昭和になって〈大隈講堂〉を設計した佐藤功一、〈服部時計店〉を設計した渡辺仁らも登場。戦後になると〈神奈川県立近代美術館〉を設計した坂倉準三、〈世界平和記念聖堂〉を設計した村野藤吾、〈広島平和記念資料館〉を設計した丹下健三らも登場活躍します。この辺りまでは、東京大学、早稲田大学など戦前から建築教育を行なってきた数少ないエリート建築学科卒業生が建築設計界を独占していた時期といえます。

それが戦後ほどなく次の新しい日本が始動して、日本なりのがむしゃらな近代化が進む中で建築家という職能もかつてのいい家柄の人だけの特権的な生業ではなくなってくるのです。戦後の復興期から経済成長期にかけて、日本の建設需要は爆発的に増えました。中小規模の個人設計事務所が急増し、建築設計は大学建築学科を卒業した者の一般的な職業として広がり、建築家は増えてゆきます。いい血筋の大先生に代わり普通の建築家の事務所が雨後の筍のようにたくさん現れたのです。マイスターとも言えるひとりの建築家の工房として、個人設計事務所をアトリエと呼ぶことがありますが、戦後アトリエは増えてゆきました。家柄の良い大先生ではなくても建築設計の仕事はできるという認識が定着します。現代の八〇代くらいの建築家はまだ大先生の時代ですが、それよりも少し若い世代からは普通の建築家（実力が低いという意味ではありませんよ）の世代になるように思います。また大先生の中には大学の先生をしながら設計をするというプロフェッサーアーキテクトと呼ばれる建築家がおりました。最初に述べた辰野金吾はその嚆矢でしょう。大学の研究室の中だけで設計を始めた建築家としては篠原一男あたりが最初で、彼は一九六〇年代から建築家として登場してきます。そして現代では多くの建築家が大学で教えながら、設計活動をしています。

一方、個人事務所と並行して大企業の営繕部のような場所が設計事務所として力をつけていました。住友商事の営繕部が独立して日建工務（現日建設計）という事務所が登場して東京タワーなど日本を代表する建築を作り始めます。また大先生の事務所のいくつかは大規模化して日建設計の後を追うような実力をつけてきます。山下寿郎が創設した事務所は現代では四〇〇人を超える規模に成長。石本建築事務所は石本喜久治、佐藤総合計画は佐藤武夫の創設した事務所です。こうした数百人規模の事務所は古くは一九〇〇年代、新しいものは一九六〇年代に生まれます。こうした設計事務所を組織事務所と呼びます。

こうした大きな集団で設計をしている別の組織としてゼネコンの設計部があります。ゼネコンとは基本的には施工で主たる利益をあげる会社ですが、設計業務も含めてゼネラルに請負うことでワンストップサービスをウリにする業態です。設計施工を一貫して行うことで品質、サービスの向上を図ってきました。その長い歴史がいい人材を受け入れいい伝統を作ってきています。よって日本の名建築家でゼネコン設計部出身という人は数多くいます。鹿島建設に在籍して最高裁判所の設計競技をする時に会社を退職した岡田新一。また最近では戸田建設に在籍していた隈研吾など。

また建築家が主宰するアトリエが多くの発注を受けて、従業員が一〇〇人を超える大型アトリエ事務所になるような現象も起こります。そのメカニズムは佐藤総合計画や石本建築事務所のような組織事務所が生まれてきた過程と同じなのですが、大型アトリエ事務所は組織事務所と少し性格が異なります。組織事務所は大先生が逝去すると後継が大先生の個性を緩やかに消去して、民主的な設計体制を作り上げていきます。一方現代の大型アトリエ事務所はボスが存命なので強い個性を持ちながら規模を拡大しているのです。そのいい例は隈研吾の事務所でしょう。

さてこうやって明治維新からの日本の近代建築を時系列的に見ながら建築家の働く場所を眺めてみる

と、そこには大きく分けて次の五つの業態があることが分かります。

個人事務所

①アトリエ

②大型アトリエ事務所

③プロフェッサーアーキテクトの研究室

大企業事務所

④組織事務所

⑤ゼネコン設計部

建築設計は、おおむねこの五つの業態で行われていますが、他の職種と同様、日本では人材の流動性がそれほど高くありません。自分がどんな建築を作るべきかを考えるのであれば、どこでどのように作るのかも考えるべきです。本書で私の経験談を語ろうと思った動機は、建築設計が行われる場、業態の違いを一度は考察して欲しいということと、その場を移ることで何が生まれるかを考えて欲しいということにあります。

五つの業態の違い

さてこの五つの場所の仕事の方向性や働き方は一体どう違うのでしょうか。まず仕事の方向性ですが、個人事務所の方が、大企業事務所より比較的「時代の先に求められていることを試す挑戦的態度」が強く前面に現れる可能性が高いように思います。もちろんこれは比較的ということであり、大企業事務所に挑戦的態度がないわけではありません。ただ、思い切ったことがやりづらいのが大企業事務所です。その理由は大企業事務所のクライアントは大企業や官公庁が比較的多く、彼らは基本的に保守的だからです。一方で、これも比較の話ですが、個人事務所のクライアントは小企業、小集団であり相対的に革新的です。これは当然のことだろうと思います。また個人事務所はボスの直感を頼りにプロジェクトの潜在的価値を探し求めます。一方で大企業事務所はチームで民主的に仕事をするので比較的顕在化した価値を合意のもとに追い求めます。そしてそうした基本的なクライアントからの要請、価値判断のメカニズムの差により個人事務所と大企業事務所はそれぞれの特質をさらに先鋭化してきました。よって個人事務所にはボスの個性を求めて芸術的な香りが強く立ち込めます。一方大企業事務所は巨大な企業が依頼する巨大施設をそつなく仕上げるビジネスの体をなします。

しかし最近はこうした大企業事務所と個人事務所の役割分担が明確ではなくなってきているようで

す。それは時代が求めている建築に変化が起きているからだとも言えます。というのも大企業事務所の比較的大企業のクライアントの求めるものが日常的な普通の人々の趣向に沿うようになってきたからです。大企業が「大」を前面に押し出すようなコーポレートアイデンティティは好かれなくなってきたからです。一方個人事務所のクライアントも同様に芸術的な際物を好む人は減少し、もう少し人に寄り添う隣人的な建築を求めてきているようです。両者のクライアントの求めるものが近づいてきたのです。よって両者の作るものの方向性も近づいていると言えるのです。

　また大企業事務所も芸術性を求めるクライアントに対して、芸術性を押し出す個人事務所とＪＶを組んで仕事をすることも増えてきています。規模と連動しているこれまでの属性を見直し、すぐさま自己改革できない場合、会社の枠組みを超えて共同すると言うような仕事の仕方も多くなってきていると言えるでしょう。

　さてそうした芸術性という視点からの差以外に大企業事務所と個人事務所との間にある仕事の進め方の差として、大企業事務所は仕事の経験をうまく蓄積しています。それは仕事の進め方、ディテールのデータ化、ファイリング技術など、さまざまな部分で行われる情報の共有と規格化です。一方個人事務所ではそうした部分に経費を割けないがために大企業事務所に比べれば、情報蓄積が着実に行われているとはいえません。一方で情報や技術の規格はまさに規格化の弊害があるわけで、個人事務所はあえてそうした規格化を避けて通っているとも言えます。むしろ、規格化されることで失われるような設計スタンスや、マイノリティだけど先進的な思考、柔軟性、適応の早さ、などのスキルが得られる業態と言えます。

また大企業事務所の設計業務は往々にしてクライアントの大きな事業の一環であり、そのため合意形成や業務の合理化がより重視されます。設計者は意匠提案にとどまらず、プロジェクトをマネージメントする主体です。大きな事業ではその分多岐にわたる関係者を巻き込んだ大規模なマネージメントが必要であり、高度な管理能力が求められます。その環境に身を置くことで、個人事業では得られないスキルが習得されていきます。そもそも建築設計とは、ハードからソフトまでその場に生じるあらゆる事象を統合する行為ですが、それが顕在化される現場といえるでしょう。個人事務所も同様ですが、比較的事業規模が小さくなる分、マネージメント業務の規模も小さくなります。

次にその働き方に目を向けてみましょう。昨今のブラック企業の排除の傾向に即してどこの事務所もその昔のようにとんでもない残業と徹夜の連続ということはしなくなりました。組織事務所もゼネコン設計部もある時間には消灯してしまうところが多いようです。一方個人事務所は少々ブラックかもしれません。というのも個人事務所と大企業事務所では仕事の種類とやり方が異なるからです。既述の通り大企業事務所の仕事は大企業などの大規模建築が多いものです。そういう仕事はそれなりの責任が発生するのでベテランのチーフをつけてそれなりの人数で対処します。一方で個人事務所の仕事は比較的小規模だから設計は担当一人ということが多いのです。それは設計料から割り出してそうなるのが必然です。そうすると、時として、クライアントとの打ち合わせ前など残業が多くなることも致し方ないのです。しかしそうした仕事の量と責任感はその担当者を育てます。組織事務所にもアトリエにもいた私の私見では早くして重い責任を負ったスタッフは急速に成長するものです。一人前に早くなりたければ個人事務所で訓練するべきだと言うひとは多いし、私もそう思います。

さて私は大学を卒業して日建設計という大企業事務所で一二年間働き、退職して個人事務所を開設して六年働きました。すると大学に職を得る機会に恵まれ、大学の研究室で設計するプロフェッサーアーキテクトとなり、加えて、継続的に個人事務所での設計も並行して今に至ります。大企業事務所も個人事務所もプロフェッサーアーキテクトも経験した私はそれらのいいところも悪いところもよく見えます。そんな経験をもとにできるだけ自分を客観化しながら、建築設計を実践する場とその働き方について、お伝えしたいと思います。

02

建築家という人種

People called architect

建築家という人種は普通のビジネスマンほど組織や社会への順応を優先していないし芸術家ほどボヘミアンでもありません。ちょっと変わった人たちです。

建築家に必要な才能

私は建築家に必要な能力のかなり重要なものの一つは、朝から晩まで図面の上に点を綺麗に描いていろと言われて苦もなくやれる力だと思っています。これはけっして大げさではありません。ここで音楽の例を挙げます。私は小さい頃からヴァイオリンを本格的にやっていました。そのまま音楽の学校に行こうと思っていたくらいです。ヴァイオリンの練習の仕方を少々説明すると、四時間練習する場合、最初の一時間はスケールと言ってドレミファソラシドドシラソファミレドを異なる調で異なるスピードで異なるボーイング（弓使い）で弾くのです。メトロノーム（スピードを図る機械）を鳴らし徐々にスピードを上げながら音程がくるわず、スピードが一定になるように無心になって体を機械にするのです。これはスポーツでも同じことが言えます。先日ゴルファーの古閑美保選手がゴルファーの卵（小学生）にこう言っていました。「同じフォームで、同じリズムで四〇〇球打て」と。そして建築にも同様なところがあります。設計の基本である図面を綺麗に描くには同じことを繰り返すことが重要です。しかし昨今図面はコンピューターが描いてくれるので、その必要があるのかと言われそうです。確かに図面に点を打つ作業はもはやないかもしれません。しかし建築の案作りはこの点打ち作業に近いものがあります。案Ａを作ればそのバリエーションＡ１　Ａ２　Ａ３という具合にあっという間にＡ５０くらい作ることになるのです。しかし、その差は微妙で、同じものを五〇作っているようにさえ見えるかもしれません。Ａを作ったらＢを作ればいいではないかと思われる方もいるのでしょうがそうでもないのです。ほんの少しの差がものを全く異なるものにします。そして「ほんの少しの差」の作り方は論理的に導かれるものではなく、勘と経験に頼らざるを得ないのです。しかしそう言ってしまうと身も蓋もないので、その差の作り方を理屈っぽく説明してみましょう。例えば階段を設計するときに、その蹴上と踏面の寸法は毎回さまざまな条件で変化しますが、ある範囲を超えると角度が急になり登りづらくなり、降りるのが怖くなったりするものです。そこで一般的に快適といわれる寸法が用意されていて、さらに建築家は自分の経験から自分なりの快適値を持っていてそれに合わせます。しかし、それを超えてもう少し勾配を緩くあるいはきつくしてみようとか、その方が美しいだろうかとか、それでも気持ちよく登れるかとか予測をたてて経験から逸脱する冒険をすることがあるのです。その冒険を担保するものは身体的に身に付けた勘でしかなく、何かが論理的にそのことをサポートすることはないのです。この冒険こそが、これまでに無かった価値を生み出したり、これまで解決できなかったことを解決したりするのです。ここにＡＩに出来ない、生身の建築家が設計をする意味があります。

日建時代に私のボスは建物の外観をデザインする私にエレベーション（立面図）を一〇〇枚描けと言いました（本当の話です）。一〇〇枚は残念ながら描けませんでしたがそれに近いことをしていたと思います。それもこの二つはどこが違うのかなんて、ほとんど間違い探しより難しいレベルでした。こんな手探り作業が日常の仕事だなんて他の業種からしたら実に馬鹿らしいことに見えるのではないでしょうか？でもこれが芸術やスポーツだと思ってみましょう。前述のように芸事を進化させるのに理屈はあまりありません。ひたすら発声を少し変えたり、弓のスピードを瞬間的に遅らせてみたり、蹴る角度を三度変えて見たり、足の上げかたを気持ちゆっくりしてみたりするでしょう。そしてそこにあまり論理的な思考はなく、体を心の赴くままに少しずつ変えて動かしているだけです。それと建築のデザインは似ています。でも何度も言いますが、その行為は実に効率的ではありません。何故なら手探りだからです。論理的にゴールを目指していないからです。行き当たりばったりだからです。だからそんな偶然を求めて非効率な生き方を許容できることが建築家に求められた必要条件でしょうし、それを苦痛に思わないのが建築家なのです。

三種類の建築家

チリの建築家ディエゴ・グラスはおそらく私の建築を世界中で一番理解している友人です。私たちは東京でもサンチアゴでもよく飲みます。ある日東京でいつものように一杯飲みながら建築の話をしていました。彼は、建築家には三種類いるというのです。それらはprofessional architect, activist, artistの三つです。日本語で言えばプロの建築家、活動家、芸術家です。ハイボール片手に彼の話を聞いていると酔いも手伝って、ウンウン、分かる分かると納得し、それは一体誰だろうかと聞きました。まずプロの建築家とはどういう人たちか。もちろん大組織の建築家たちはこれに相当するでしょう。どのようなリクエストにも法的に、経済的に、社会的にそつなく八〇点以上の回答を出し続ける力は世界的に見てもそうあるものではありません。その意味で彼らはプロの建築家にふさわしいと思います。クライアントは何がしか抱えている問題があり、それを建築家に解決してもらおうと考えています。その問題の幅は広く、もっと来館者を増やしたいと思っている商業施設のオーナーであったり、いつでも快適な家に住みたいと思っている家族であったりその問題は千差万別です。クライアントが抱える問題を建築で解決するのが建築家なのです。ただし建築は社会的な存在なので、クライアントが気づいていない社会的側面を道徳的に調停することも求められます。

次に活動家です。活動家が持っているのは社会問題に対する批判精神とそれを伝える力。そして何よりもそれを具体的に建築で解決していく行動力です。この二つを兼ね備えているのは、アトリエ・ワンのような建築家でしょうか。批判精神だけではなく、ユーモアとウイットに富んでいて、押したり引いたりしながら社会を揺さぶる手際は見事です。社会というのは個人や私企業の枠を超えて、近隣や地域社会全体の防災や景観やコミュニティのコミュニケーションを上げたいと思っている個人や私企業の総体としての社会というものがあり、そのニーズというものがあります。社会や地域が抱える課題を解決するのも建築家です。この場合真のクライアントは社会で、道徳的判断が求められます。

そしてアーティストはというとこれは色々思い浮かびますが、たとえば中山英之さんはその一人のような気がします。彼の映画的なものの見方から作る建築の様はさながら現代アートを見ているようです。ただし、建築はアートではなく、その建築家らしさが現れた主体的な魅力表現は、過去に無かった新たな価値を生み出しているということの現れです。それはある種の建築家の理想像でもあります。

　この三つの建築家のあり方は、実は建築家ならばすべて持ち合わせていなければならない性質です。この三要素のどこに比重を掛けるかで、その建築家の立ち位置が決まってきます。たとえば日建設計はどちらかというと主体を殺してクライアントと社会の調停をする倫理観で仕事をしています。そしてたまに適度にスパイス程度に主体をふりかけています。このさじ加減が上手なので社会的信用を獲得します。一方活動家はどちらかというと社会を相手に考えます。社会批判に同調してくれるクライアントが彼らを応援します。そして不必要に個人の好み（主体）を強調することはしません。徹底して社会の暗部にメスを入れます。そしてこれはこれで社会的には評価されます。特に新聞の社会部などからは歓迎されます。建築は単なるデザインではないという風に受け入れやすいものとなるわけです。そしてアーティストはクライアントも社会も視野に入れますがそれらの調停を超えて主体的価値の実現に力を入れるのです。ですから世の中からもこういう建築家は芸術家的な側面が評価されます。

　こうした三つの生き方に対して自分はどこにいるのだろうかと自覚的に考えてみることも必要だろうと思います。下手をすると三つの生き方は違う職業と思えるくらいに、やること、期待されていることが異なるのです。

オリンピック選手か町医者か

現在早稲田大学の芸術学校で教鞭をとる建築家萩原剛と、篠原一男を交えて鼎談をした帰りに、彼がしみじみと言いました。篠原一男は国際的だけど、村野藤吾はドメスティックだと。事実、篠原は常に作品発表を英語併記で行い、世界に向かって発信しました。それゆえ世界中から展覧会のオファーがあり、海外の大学からも客員教員として招聘されました。一方村野藤吾は文化勲章まで受賞して、日本国内では一般的にはおそらく篠原一男より高く評価されているけれども、海外ではあまり知られていないというわけです。この差はとても象徴的ですが、この当時（今から半世紀以上前）は意識的に海外戦略を持たないと海外での評価は得られなかったと思います。現在ではネットを使った海外への発信は容易で、自らを国際的にプロモートすることはやる気さえあれば昔より簡単にできると思います。仕事の舞台を国際的にするのにはいくつかの理由があるのでしょう。中小規模の事務所の場合はオリンピック選手を目指すアスリートと同様で自らの力を世界で試してみようという欲求からくるのだろうと思います。一方大規模事務所の場合はそうしたオリンピック的な欲望はもとより、日本の仕事量の限界を乗り越えて世界の市場を開拓する狙いがあると思います。

一方、目を国内に転じて、自分は国内でやるぞと考えた場合、地域の町医者のように生きようとする生き方もあるでしょう。先に述べた、昨今のプロフェッサーアーキテクトのように、まちづくりのお手伝いなどすると、そこに求められる建築家像は、二〇世紀に求められたものと異なります。単体の美しい建築を、あるいはその建築を包含する美しい都市をデザインする職業ではなく、地方都市に入り込んでその地方で頼まれればなんでもします。その地方の町医者のような職能が求められているのです。こういう建築家は役所の人とも地元の工務店ともあるいは地元の名士とも知り合いとなり連携をとり、そして信頼され頼りにされる人となるのだと思います。私たちの富士吉田市での活動はそれに近いように思います。

建築家という生き方はとても多様になっています。どのように生きるかはまさに人それぞれであろうと思います。また何をどう作るかも人それぞれだと思います。そしてそれを誰のために作るのが建築家なのだと一義的に定義するもの難しいのが現代なのだろうと思います。

変わる建築家像

私はいくつかの大学で非常勤講師をしているのですがコロナの時はリモートで講義をしていました。リモート授業は対面より学生の顔も見えるし、質問回答も良く聞こえるし、いいことは多いのです。唯一デメリットだと思うのは、終わってからなんとなく先生のところにやってきて質問やお願いができないこと。そこでリモート授業終了後、一〇分くらいはその場に残り、雑談タイムを設けることにしました。すると先日二人の学生が残り、ＺＯＯＭで話し始めました。自分は建築デザインを学んでいるのですが、この先デザインを極めてキラ星の如く輝く先輩建築家のようになれるとはとても思えない。だから自分は何を目指すのがいいのかよく分からないと言うのです。最初この学生は自らの能力の限界を感じて嘆いているのかと思っていました。しかし彼女が言いたいのは、活躍中の先輩たちの建築家としてのあり方を、自分たちが目指したいとは思えないと言っているようなのです。彼女は言いました。「建築家って素敵なラウンジチェアーに踏ん反り返ってタバコを吸いながら斜め上からの視線でこちらを威圧している感じがする職業ですよね。建築が人のためにあるのならもっと人に寄り添う感じが欲しいですよね」と。それって私に対する批判かなと、半分焦りましたが、私はタバコを吸わないし、踏ん反り返って授業をした覚えはないのでどうも私のことではないようでした。さらに話を進めると、昨今自らを建築家と呼ぶのは流行らなくて、建築士と呼ぶ人も多いですよと言います。総じてこの学生にとってはこれまでの「建築家」と言う像は唾棄すべきものではあっても憧憬の眼差しで見るものではないのです。なるほどテレビ番組などではかっこいい憧れの職業のように描かれることもあるのですが、現在の若者にとって、しかも建築を学ぶものにとっても建築家像は揺れ動いているのです。

　これは冒頭書いたように目指す建築像というものが変化してきたことにも関係しているのだと思います。一昔前まではカリスマ的ボス建築家が直感でこれだと描いたスケッチをスタッフがご神筆と崇め図面化していたわけです。それゆえ建築家とはそうした威厳を保つためにも偉そうに振る舞っていたわけですが、昨今の建築はボスの直感によるアーティスティックなものから、人に寄り添う隣人のような建築へと変化してきているのです。そこでその作り方も皆の合意の賜物として生まれてくることが多くなっています。それゆえ建築家とは建築を考える主体のワンオブゼムとなってきたのでしょう。

　さて建築を学ぶことはイコール建築家を目指すことではありません。少なくとも日本の教育制度では。建築学科で学んだ後に就く職業には幅があります。柱や梁の大きさを決定する構造エンジニア、設備機械、配管などの検討をする設備エンジニア、役所で建築関係を取り扱う役人などなど、進む道は多岐にわたります。建築の設計をする人たちが一級建築士の資格をとって建築士になり、その中でも自らを建築家と名乗る人が建築家です。では建築家と建築士は何が違うのでしょうか？一言で言えば、建築士は国家資格。ある規模や構造の建築を設計するのに必要な資格であり建築設計の必要条件と言えます。一方建築家は建築の様々な価値を再考しその文化的価値を前提に、デザインできると自称する人たちです。誰かがあなたは建築家ですと認定するのではなく、自ら名乗っているに過ぎないのです。それゆえ既述の女子大生のように、そんな自惚れの塊を胡散臭く思う人がいてもおかしくありません。建築の設計をする人は謙虚に自らを建築士と名乗ろうと言う人が現れても不思議ではないのです。いやむしろ自称建築家とは何なのか。日本建築家協会という立派な組織もあり検討されていますが、その職能責任は確定されていません。

私はこんな風に考えています。建築家という職能の多様性がますます広がるだろうと。つまり従来の建築家の先生タイプから町医者のように人々に寄り添うタイプ、クールなビジネスマン、ものづくりにこだわる建築家まで、建築家と一言では言い表せないような広がりを持つのではないかと思っています。病院に行けば自分は何科で診て貰えばいいのかわからないくらい、今や医者の専門分化は拡大しています。大学に行けば聞いたこともないような新しい学科が増えてきました。それは不必要な専門化と言えるところもありますが、世の中のニーズや新たな発見や発明によるところもあるのです。建築家も同様です。どんな建物でもあっという間に設計する建築家、絶対に失敗しない建築家、建物の安さにこだわる建築家、エネルギー消費を少なくすることに血道をあげる建築家、コンピューターで全てを作り上げる建築家、庭作りが得意な建築家、木造で美しく作ることに情熱を注ぐ建築家、一〇〇年持つ建物を作る建築家、ディテールにこだわる建築家、社会の貧困層に手を差しのべる建築家、コミュニティ作りに専念する建築家、その種類は多岐にわたります。そしてそれらはチリの友人が教えてくれたように、これらの多様な建築家達は大別するとプロフェッショナルな建築家、活動家、芸術家の三種類くらいに大きくは分類されるのだと思います。

クライアントは患者が自分の問題によって医者を選ぶように、自分のこだわりや問題に応じて建築家を選ぶ時代となっていきます。医者も最近では専門能力に加えてなにかセールスポイントがないと閑古鳥が鳴いています。建築家も同様でどこかに秀でた部分がなければ生き延びられないのだろうと思います。

I

学ぶ

Learning

本書の冒頭で述べた人生マルチステージを推奨するリンダ・グラットンの『ライフ・シフト』第一段階は学びです。建築の学びは普通、大学に始まります。大学という場所は建築家のスタート地点です。そこには先生と友がいます。そして双方から多くのことを学ぶでしょう。研究室に配属されるとさらに濃密な学びが展開します。そして在学中に海外に目を向ける学生もいます。留学する意味はどこにあるのでしょうか。行くならどこが良いのでしょうか。また国内外を問わず、先生から学べるものは何なのかについてお話しします。

03

大学に進む

Receiving higher education

建築に迷い込んだ私の話をしてみたいと思います。高校の頃数多ある進路から建築を選んだのはそれなりに理由がありました。でもそれでなければならないということでもなく、半分くらい偶然と消去法だったようにも思います。

―

建築家のスタート地点

建築家になるのに大学に行く必要があるのかという最初の疑問があるでしょう。なぜならあの安藤忠雄は独学なのですから。日本の建築士の制度では、大学に行かなくても七年の実務経験があれば二級建築士の受験資格が生まれ、その後四年の実務経験があれば一級建築士の受験資格が生まれます。つまり最短一一年働けば一級建築士になれます。ですから必ずしも大学に行く必要はないのです。しかし大学に行くならば、という前提でこの話は始めてみましょう。

私は高校生の頃、陶芸家になろうと考えていました。そこで芸大に行きたいと親に言ったらダメだと言われました。陶芸では食えないと言うのが理由でした。そこで陶芸と同じような「使える」芸術品はないかと考えていたのです。高校三年夏の最後の運動部の大会を前に、グラウンドでサッカーの練習をしていた時目に入ったのが、グラウンド脇にある巨大な建築物（当時は外務省研修所）でした。まるで奈良のお寺のような大きな屋根が載っかった大きな建物です。毎日グラウンドを走りながら、そのうちああいう建物を作る人になりたいと思うようになったのです。これも使える芸術品だろうと。それは後に内田祥三設計の名建築であることがわかるのですが。先生に相談して、気がついたら進路は「建築学科」になっていたというわけです。まあ人生なんてそんなものかもしれません。

自分の人生は、自分で主体的に挑んで勝ち取ったものではありませんでした。小学校時代に野球の選手、指揮者、それらを諦め高校時代に陶芸家になろうと思い、しかしそれを捨てて、残っていたのが建築家でした。最近國分功一郎さんが『中動態の世界』（医学書院、二〇一七年）［註］という本をお書きになりましたが、人の行動には能動態と受動態の他に、気づいたらそうなっていたという中動態があるといいます。この本については章末にもう少し詳しく説明を加えたいと思いますが、人生とはこのような中動態を持って進むことが多々あるなと思うのです。

私たちの高校のキャリア教育では高校三年生の時に将来の希望職業を問われ、その職業の先輩を紹介されてインタビューに行くことが義務でした。そしてその職業になるための進学先も聞いてこいと言われるのです。そこで建築を学ぼうと思っていた私が紹介されて行った先は早稲田の神社の境内（だったかそばだったか記憶が定かではないが）にある工事現場にあるようなプレファブ小屋でした。本当にここでいいのだろうかと目を疑いましたが、確かにこの住所にはこれしかないのだから仕方ありません。ドアを開けてまず驚いたのは靴箱に並ぶサッカーのスパイクとサッカーボールです。サッカー部だった私としては急に親近感が湧き、建物奥へと進みました。そこには事務所のボス風の人が座っていました。一人は髭の似合うおじさん。もう一人は先輩として紹介された女性でした。この女性こそ象設計集団の創始者の一人、富田玲子さんであり髭のおじさんは大竹康市さんでした。その時に名刺もいただきましたが象って面白い名前だなと思ったものでした。

私としてはその時設計事務所とサッカーの関係が気になったのですが、彼らの説明は始まりました。それは建築の一般論から彼らが設計した〈今帰仁村中央公民館〉、そしてそれが立派な賞をいただいたことなどでした。その時〈今帰仁村中央公民館〉の何がどうすごい建築なのかなどまだよく分からずただ、ぼーっと聞いていました。こっちはどこの大学に行けば建築を学べるかを聞きに来たので、単刀直入に聞いてみました。「どこの大学に行ったらいいでしょうか」と。すると最初に返って来た答えは「早稲田大学の第二理工学部（夜間部）」でした。「第二？」第二とはどういう意味かと聞く間も無く、「でも第二理工はもう無いのだけどね」と言います。すると聞き捨てならない言葉が続きます。「まあ大学なんて行っても学ぶことはないから、夜間部に行って昼間は設計事務所でバイトした方がいい、大学は友達を作るために行く程度かな」と。うーんどうしたらいいのだろうかと思っていると「あえて大学行くなら、現役の建築家が教えているところに行くといい」「それはどこですか」と聞くといくつかの建築家の名前と大学名が挙がったのですが、私が鮮明に覚えていたのがその後進学することになった篠原一男のいる東工大でした。しかし彼らは篠原と名を挙げた後に「でも私たちは建築家として認めていなければどね」とも言いました。私が篠原の名前だけ鮮明に覚えていたのは彼らが否定したからに他なりません。つまりよほど個性的な建築家なのだろうと想像し、それはちょっと面白いではないかと感じたのです。そしてその後私はその学校に進むことになりました。

大学で教えてくれた建築家たち

大学という場所はとても退屈なところだと最初は思いました。特に私の進んだ東京工業大学は一年生の頃は教養で専門に分化していません。つまり建築の授業はないのです。語学と教養ばかりです。今でこそ教養が大事だと思っている私が当時は語学も教養もあまり興味の対象ではなかったのです。そして専門関連である唯一の授業は「図学」でした。そしてこの講義の教授があの篠原一男でした。おいおい待てよ、篠原先生は図学の先生なのか？東工大では図学は一つの独立した学科のようなもので図学の先生は図学教室に所属しており、建築学科の先生ではないのです。ということは二年生になって建築学科に進学した場合、我々は篠原一男に教われないということになります。これは本当なのでしょうか？今はもう違いますが、当時は色々調べてみるとそうであることが分かりました。となると一体私は何をしにこの大学に来たのでしょうか？一気にやる気がなくなってしまったのです。

仕方なく図学の講義を楽しみにしました。篠原は巨大な木製の三角定規とコンパスを上手に操りながら図学を教えました。そしてこう言いました「授業中に私語は禁止です。話したくなったら教室を出てください。出席はとらないし、出て行っても一向に構いません。もちろん寝ていてもかまいません」彼はつまり図学の一つの答えを導くショーをやっていたのです。そのショーの邪魔は許さないということでした。その姿は実に凛々しく美しいものでした。

二年生になると、予想通り、篠原一男に教わることは叶いませんでした。やれやれ、何のために高校時代に進路相談をして篠原一男を知り東工大に来たのやら？象設計集団も罪な人たちだとちょっと思いましたが、三年生になった時、篠原は建築学科に移籍（復帰）したのです。定年まで六年という時期に残り六年を建築学科の教育に捧げる気持ちになったと誰かが言っていました。そしてそれが形となって現れたのが我々三年生の設計製図教育です。篠原は学科長として、残り六年を二年ずつ三期に分け最初の二年間の三年生設計課題を五人の非常勤講師で教える計画を立てました。そのメンバーは、伊東豊雄を筆頭に、香山壽夫、倉俣史朗、磯崎新、大高正人という豪華布陣でした。その偉大さは筆舌に尽くしがたいものがあります。さらに彼らの出す課題にはユニークなものも多いので課題について少し記しておきましょう。というのもその課題は理工系の建築学科で出す課題としてはちょっと異例なものもあったからです。伊東豊雄は二つの課題を出しました、一つは渋谷にホテル、もう一つは小課題で、ヴォリュームを四分割して機能を与えよという抽象的なものでした。ここで注目はホテルという商業施設を課題としたことです。その頃伊東にとっては「消費社会」が重要テーマでした。そこで当時の話題の本であったレム・コールハースの『錯乱のニューヨーク』に現れる、資本主義にドライブされた都市のあり方を我々に考えさせようとしました。次の課題は香山壽夫の「小学校」です。これは課題としては順当であり、脂の乗った当時東大教授だった香山の実に丁寧で優しいスタジオでした。後期の最初の先生は世界的インテリアデザイナーの倉俣史朗です。課題は「ショップ」。これもまた異例です。インテリアデザイナーが教えること自体珍しいことでした。倉俣は最初の授業に岩波文庫の『老子』を一冊手に持ってやってきました。そしてあまり語らずエスキスチェックをしていました。この語らないというのは実は伊東豊雄も同じで学生のデザイン案を前にして、じーっと睨んで沈黙が続いたのを思い出します。語らない二人は学生の案に不満足でそれを伝える言葉を探していたのだと思います。四人目の磯崎新はもちろん当時の建築界のスーパースターであり我々は何が起こるかワクワクしていましたが、磯崎が来たのは課題のオリエンテーションと最後の講評会だけで途中は八束はじめがエスキスチェックを行いました。課題は渋谷に建つ「実験劇場」です。これもただの劇場ではなく「実験劇場」というところが磯崎らしい。最後は大高正人の「美術館」です。小学校とともに大学の課題としては順当なものでした。

研究室を選ぶ

さて三年が終わり四年の研究室配属となりました。私は入学の動機からすると篠原研究室に行くのが自然の成りゆきだったのでしょうが、そこには行かないことにしました。東工大では志望研究室は確かじゃんけんか、くじで学生が決めるというのが恒例でした。人気の篠原研究室は希望しても行けたかどうかは分かりませんが、私は自ら辞退しました。その代わりに教養の英語の先生であったディヴィッド・スチュワートのもとで西洋建築史の論文を書きたい旨、当時学科長だった篠原一男に嘆願しました。

ディヴィッド・スチュワートは英語教室に所属していましたが、社会的な活動としては日本建築を西洋的視点で分析する建築史家であり評論家で、篠原一男が信頼を置く人物でした。そこで私の嘆願は了承され、スチュワート研究室が建築学科内に作られたのです。卒業論文はその学科の教授でないと指導できず、英語の教授には指導資格はありませんでした。よって学科長預かりの学生で実質指導がスチュワート先生ということになりました。こうして私は全く日本語を話さないスチュワート先生のゼミを英語だけで始めることになったのです。毎日英語の授業を受講することを義務づけられ、英語の本を読み、英語を話す、英語漬けの一年間を過ごしました。最後は英語で論文を書き、英語を日本語に訳しながら日本語の梗概を作成しました。一年間海外留学をしたようなものです。実は私が篠原研究室を辞退してディヴィッド・スチュワートのもとで学ぶことを決めたのは、一つには彼のもとでル・コルビュジエの勉強をしたいということでしたが、もっと重要なのは、海外留学するための準備をしたかったからなのです。なぜ留学を考えたのかは、また後に解説します。

大学で学ぶこと

私が大学で学んだことの中で大きい順に三つ挙げるとすると、一つは製図と卒業設計などのデザイン課題について同級生と議論し、ひたすら作り上げるためのプレゼン力を密かに開発したこと。それが講評会で褒められようと、批判されようと、それを達成したことに喜びを感じていました。二つ目は、本物の建築家を目の当たりにして自分は何をしなければいけないのかを自分で考えたこと。これは誰かが教えてくれることではなく、自分で見つけ出さないといけないのだろうと思っていました。三つ目は、建築とはあまり関係ないことですが、教養を学んだこと。母校東工大には風変わりで有名な人文系の先生が歴史的にたくさんいて、私が在学中には江藤淳教授が在任していました。江藤ゼミで日米外交史の英語版を読んでいました。東工大のような理系頭でっかちの大学でこの授業は私の救いでもありました。

そんな私が大学の教員になって学生たちに何を学んで欲しいと考えているか。これを少しお話したいと思います。まず身に付けて欲しいと思っているのは、私の経験の三つ目にあった、教養を身につけることです。教養は博学知識のことではなく、大学生、社会人が普通に持っているべき知性のことです。それは全ての分野にわたります。数学、国語、外国語、科学、人文などなど。これをまず学んで欲しい。そうすることで社会常識が身につくのです。この「常識」はいわゆる常識人が大切にする倫理規範のことではなく、「社会の成り立ちに対する共通認識」のことを指しています。常識通りに、社会に順応しなさいと言っているわけではありません。社会のあり様をまず捉えて欲しいと考えています。

そのためにすることは他でもない読書です。私の研究室では毎週一冊、私がセレクトしたものの中から少し骨太の様々な分野の本を読んでもらいます。半期八冊くらい年間一六冊、大学院まで三年いれば五〇冊くらい読むことになります。今時の学生はこんなに本を読みませんよね。おおむね半分が建築の理論や歴史の本で、半分はファッション、音楽、哲学、社会学の本。基礎知識が無いとなかなか難しいので、分からない言葉や人名、用語は全て調べて読むようにと言っています。

「常識」は建築のデザインをする上で最も重要な知であろうと思います。常識によって自分のデザインは常に相対化されるのです。相対化とは自分の行為（デザイン）が行き過ぎたものなのか、おとなしすぎるものなのかが判断されるということです。建築デザインは社会の課題解決を図ったり、新しい社会システムを構築する行為。だから自分の考えを社会に対して相対化して捉えていなければならないのです。

もし何を読んだらいいのか分からないときは大学に行ってそれを教えてくれそうな先生を探すのです。建築学科の先生にまずは色々聞くべきです。建築学科にいなければ一般教養の先生に聞いてみるべきです。もしかするとその方が得策かもしれません。そして良き読書友達を見つけてください。本は一人で読むと壁にぶつかることもあります。友達と読み合って意見をぶつけることで理解は深まるし、次に何を読むべきかも見つかってくるものです。こうした先生や友を見つけるのが大学なのだと思います。

さてもう一つ学ぶべきことがあります。それはもう少し専門的なこと。つまり建築のデザインのことです。と言っても建築デザインのための方法論や思想の鍛え方ではありません。その手のことは実は大学に来なくても学べるのだろうと思うのです。大学に来ないと学べないもの。それは「いいと思われるデザインとは何かについての通念を感じ取ること」です。空間や建築の質を嗅ぎ分ける嗅覚は、実空間の体験を重ねて身につきます。しかし、新たに提示された建築デザインの良し悪しをどう判断するか。それはその時代の社会通念が大きく影響することで、大学などでの議論を通じて得られるものなのです。建築学科では普通どこでも設計製図という授業がありこれが莫大な時間と労力を割かねばならない建築学科の最も大変な演習科目です。何日も徹夜をして、一つのプロジェクトを完成させなければなりません。この授業は一年生から四年生まで続く場合と二年生から始まる場合とありますがデザインをやろうと思う人は必修です。通常完成したプロジェクトは全て学生全体に公開されそこで教員一同の批評にさらされることになります。デザインですから教員が複数いれば複数の意見が出されそれらが必ずしも一致するとは限りません。ある時は全会一致で優秀と評価されることもあれば意見が対立することもあるし、全く評価されないように思われる作品が誰か一人に救われることもあります。大学で学ぶべきことは、こうした多くの作品に対する多くの先生の評価を見ながら「いい」と言われるものに対する嗅覚を身につけることなのです。そしてこの嗅覚こそがその後の建築家への道を進む道しるべ、自分が進む方向を示唆してくれるものとなります。

理論と実践

大学のカリキュラムには、建築の「理論」と「実践」の二軸があります。しかし、そのバランスは大学によって、あるいは国によって異なります。先に結論を言っておけば、日本の大学は実践教育に重点は置かれてきませんでした。理論詰め込みです。一概に悪いとは思いませんが、どちらに比重を置くべきか、世界で議論が絶えない問題でもあります。二〇一九年、ハーバード・デザイン大学院のディーンだったモーセン・ムスタファヴィさんが「The Book as Project: Architectural Education at the Intersection of Theory, Practice and Urbanism（プロジェクトとしての書籍：理論と実践とアーバニズムの交叉する建築教育）」という博士論文を発表しました。その内容は自らの著書を用いながら、建築教育を構築してゆくもの。建築教育のなかに理論と実践が重要な要素としてあり、世界中の名だたる建築スクールはどちらに軸足を置くかでその個性を出していると説明しています。世界的な建築スクールでは原寸大の部分模型を作ったり、そのために材料の工場とタイアップしたり、一年間設計事務所で働いてくることを義務としたり、実践を学ばせるカリキュラムが備わっているものですが、日本の大学ではほぼありません。そもそもキャンパスに原寸大の建築の部分を作るような場所もなければ道具もないのです。その分構造や環境の実験室が備わっています（世界の建築スクールには構造や環境の部門はなくて、それらはエンジニアリングスクールで学ぶことなのです）。

したがって大学で実践を学ぶとするならばそれは大学のカリキュラムに期待はできず、研究室の先生が独自に行なっている研究、実践活動に参加することで学ぶしかありません。もし大学にそういうことを行なっている先生がいない場合は大学に期待せず、自ら設計事務所で働いたりして実践を学ぶ方法もあります。一方で理論ですが、これは前項で書いたようにたくさんの理論書を読むことに他なりません。常識を身につけたらもう一つ背伸びをしてさまざまな理論書に手を伸ばすことです。しかし建築の理論とは建築計画や建築技術だけではありません。社会を論じるためにその領域は多岐にわたります。人間、動物、音楽、ファッション、料理、自然、アート、などなど。そこで、自分が興味のあるテーマを見つけて深掘りすることも有効です。それが自らの理論の拠り所になるのです。

04

海外で学ぶ

Studying abroad

留学する人がいっとき増えましたが、最近また減少しているようにも見えます。グローバリゼーションがうたわれているからという理由からではなく、日本を、そして自分のデザインを相対化するために是非海外で学ぶことを視野に入れてみてください。

カリフォルニアに行ったわけ

大学では学ぶことはないと、大学に入る前に大竹さんと富田さんに言われましたが、まあそんなこともなく私としては大いに学べました。とはいえ後から思えばとても偏りがあったかもしれません。いい意味でも悪い意味でも。そのことはなんとなく在学中から感じていました。なぜなら篠原一男という強烈な個性は自身が考える価値以外を認めなかったからです。そこでおそらく反作用が働いて篠原一男とは反対のベクトルを持った建築を求めました。篠原一男が一つの価値を追い、それ以外を排除するデザインの方法をとるので、その逆、多様な価値を可能な限り受け入れようとする方法を志向する建築家を求めて、私は大学院修士課程を休学して、ＵＣＬＡ（カリフォルニア大学ロサンゼルス校）に行くことにしたのです。そこではチャールズ・ムーアという建築家が教鞭をとっていました。ムーアは篠原一男をイクスクルーシブな建築家（不要な価値を排除する）と呼ぶならインクルーシブな建築家（多くの価値を包含する）として有名だったのです。

しかし思い返してみると渡米の理由はもう一つありました。それは世に登場したばかりのフランク・Ｏ・ゲーリーという奇想天外な建築家に会うこと。作品を見てみたかったからです。フランク・Ｏ・ゲーリーが日本で最初に大きく紹介されたのは一九八〇年の雑誌『ＳＤ』です。「アメリカの新しい波」というタイトルで特集され、自邸の写真が掲載されていました。一方当時の日本建築界では、その前年（一九七九年）に篠原一男、次年（一九八一年）に安藤忠雄が『ＳＤ』で特集されていた頃で、まだポストモダンな空気は主流ではありません。それゆえ、はるか遠方で活動していたゲーリーは、私たちが当時受けていた教育をベースに理解できるものではありませんでした。そんなわけでゲーリーの『ＳＤ』は製図室の片隅に注目もされず置かれていたのですが、大学院に進み、少しは建築の知識も蓄積される中、あの『SD』が気になったのでした。

さて留学すると何か得るものはあるのでしょうか？ 昨今留学の相談を受けることも多々あるのでその時私はこう答えるようにしています。「生きていける場所（地球）がこれだけあるのにその一パーセントに満たない場所（日本）だけで暮らす必然性がない」と。私の中での留学の理由はおそらく今思い返してもこれに尽きるように思います。世界に出るには言葉の壁があるという人もいるでしょう。それはそうです。言葉は学ばざるを得ません。でも既に記しましたが、どこかで一年間みっちりやればそこそこの力はつきます。今でこそグローバリゼーションの時代ということで大学をはじめどんな企業でもグローバル化は基本戦略です。でもそういう波に乗り遅れないようにしましょうと言うつもりはあまりありません。しかし建築家として生きていくために留学には意味があると思います。一言で言えば建築のデザインは正解がないから、多くの建築を見て理解する必要があって、そのためには留学はもっとも効果的だと思うからです。

アメリカかヨーロッパかそれとも他の地域か

グローバル化がうたわれている昨今、大学はこぞって国際化戦略を打ち立てています。世界の大学と協定を結び互いの行き来を簡単に行えるようにシステム作りをしています。しかしそうした協定は日本の大学では学校が戦略的に行なっているというよりは、個々の教員の個人的なコネクションの延長で行われていることがほとんどです。本当は学問の分野ごとにその最先端がどこにあるかリサーチし、その大学と関係を作ろうと戦略化するのがいいのでしょうが、そのようにことが運ぶとは限りません。なので日本の大学は、運よくいい先生がいて、海外の大学と協定を多く結んでいるところと、そうでもないところのバラつきがあるのが現状です。

日本の事情はさておき、今世界のどんなところに可能性があるのでしょうか?留学先として考え得る国を挙げてみます。アジアでは中国、インドなど。西欧ではイギリス、オランダ、ドイツ、スイス、オーストリアなど。東欧ではチェコ。北欧ではノルウェー、デンマーク、スウェーデン、フィンランド。南欧ならスペイン、ポルトガル、イタリアなど。そして北米ならカナダ、アメリカ。中南米ではメキシコ、チリ、ブラジル、コロンビア、アルゼンチンなどでしょう。二〇世紀に私が留学を考えていた頃はアメリカの建築的な覇権は揺るぎないものに感じられました。その根拠はおそらくモダニズムの中心人物であったミース・ファン・デル・ローエやワルター・グロピウスなどがアメリカに亡命したことに端を発し、彼らが中心となって戦後のアメリカ建築界の基礎を作ったことにあると思います。その後モダニズムの乗り越え作業として、ポストモダニズムを開始したのもチャールズ・ジェンクス、ロバート・ヴェンチューリという歴史家、建築家たちで、ジェンクスの生まれはイギリスではあるものの、活躍の場はカリフォルニア。ヴェンチューリはフィラデルフィアでモダニズムに反旗を翻したのです。そうしてポストモダニズムという運動も言葉もアメリカを源流として始まったわけです。

しかしその勢力地図はやがて変化を来たします。それはこのポストモダニズムが短命に終わり、その次の時期に入り始めた頃でした。ポストモダニズムが建築の運動として持続しなかった理由はそう簡単に語れるものではありません。しかし大きな理由の一つはポストモダニズムがある意味刹那的なモダニズム批判であり、ポストモダニズムにモダニズムを乗り越えられるほどの魅力がなかったからだと私には思われます。モダニズムは資本主義と同じで悪い点は山とあるのですが、それに代わるものがあるのかというとなかなか見つからないのです。それはポストモダニズムを通過してみて初めて皆が気付いたことなのです。そんな状況で、アフターポストモダニズムに現れた現象は一言では言いがたいのですがいくつかの流れがあります。日本では高度経済成長の終焉と関連して、建築が経済のシンボルであることを終えて、公正な社会のサポートとなることを目指します。ヨーロッパでは建築の基本に立ち返り、その物質性や空間性を追求するスイスの建築家たちや、世界経済の最先端で高度な技術とアクロバティックなデザインを目指すオランダや北欧の建築家たちが現れました。一方北米はより実験的な方向に向かい、確固たる建築デザインを確立するに至っていません。また中南米は文化的な伝統の継続性の上に、新たな教育によって世界的に注目すべき建築家を輩出し始めています。アジアの中では中国は現代建築後進国ではあったのですが、徐々にその歴史と国力を教育に注ぎ込むことで他の学問や産業分野同様に自国建築のアイデンティティを求めて飛躍的に前進しつつあるように感じます。総じて北米が保持していた建築デザインヘゲモニーは徐々に南米、ヨーロッパ、中国などに拡散し始めていると言っていいのではないでしょうか。

さてそんな風に考えるととりあえずどこの国に留学したらいいかといえば、ここと一言でいうのが難しいわけです。どこにでもその特徴があり、何を学びたいかによります。また留学にはそれなりにお金がかかるものです。学費もピンキリ。たとえば国立でほぼ無償という国もあります。アルゼンチン、オーストリア、ドイツなどがそれに当たります。またヨーロッパの大学はどこでもほぼEU 以外の国からの留学生は年間一万ユーロというのが相場です。それに比べるとアメリカの大学は公立大学でも数万ドル、私立大学では五万ドルくらいかかるところもあるようです。行き先は、それらを全部考え合わせて決めることになるでしょう。最後に言えるのは、準備やお金の工面は大変ですが、留学はするべきだということ。自分の国を外から見る、世界を意識して建築を作るという自覚を持つことが、将来自分の建築を作る上で強い味方になります。

新たな世界

さて海外へ羽ばたく先を検討するときの参考として、私がいま注目している地域の話をします。私はアメリカに行きアメリカに染まり帰国しましたが、あれから二〇年以上経って前述の通り世界の状況は変わってきました。ヨーロッパでもアジアでもそしてラテンアメリカでも新たな建築の流れが生まれてきています。そこで私は、これまで世界の文化へゲモニーを保持してきた英語文化圏とは少し距離を置いてみることにしました。代わりに頭に浮かんだのはスペイン語圏です。スペイン語がわかるとか、スペイン好きというわけではないのですが、スペイン語文化圏の文化的厚みは歴史を見れば明らかなのです。というようなことを考えていた頃に偶然なのですが、アルゼンチンからメールが来て、ブエノスアイレスの建築博物館で行われる「Antipodas」(地球の裏側)という日本の建築を紹介する展覧会に出展を打診されました。アメリカ留学中にメキシコまでは行きましたが、南アメリカは未知の世界。飛行機を乗り継いで約三〇時間かけ、ブエノスアイレスに到着して驚きました。なんと美しい街なのだろうかと。ほぼヨーロッパの街並みです。南米のパリと言われるだけのことはあります。そして南米には珍しく、スペインからの移民よりも、イタリア、フランス、ドイツからの移民が多い街です。多くの人と知り合い、この国の建築文化レベルの高さに感銘を受けました。

これをきっかけに、アルゼンチンとの繋がりが生まれました。帰国後信州大学の助成で、その時知り合ったブエノスアイレス大学教授であり建築家のロベルト・ブスネリ氏を招聘して、展覧会、レクチャー、ワークショップを企画しました。長野市内の使われなくなった蔵が展覧会場です。教授を交え、大学で一週間の設計課題も行いました。二〇一〇年にそんなイベントをすると早速翌々年に、彼らが私をブエノスアイレスに招いて同様のことをしたいと申し出てくれました。そこで私はアトリエ・ワンの塚本由晴さんを誘いブエノスアイレスに出向きました。展覧会、レクチャーの他に、ワークショップも開催。パレルモ大学の学生三〇人くらいと日本の東京理科大学の学生（二〇一一年に私は信州大学から理科大に移籍しました）八人が参加してくれました。こうして私とラテンアメリカ（と言ってもまだアルゼンチンだけですが）との交流が始まり、スペイン語圏との交流は九年間で一三都市にわたったのです。

私はここで世界は広いという当たり前のことに気がつきました。ラテンアメリカにももちろん紀元前からの文化があり、脈々と受け継がれています。それは実にレベルの高いものです。でも私たちはとても遠いこれらの国のことをほとんど知りません。知らないで一生を終わっても差し支えないかもしれません。しかし建築をやっているものからすると世界にこんな文化、そして建築があるのだというようなことを知っておいた方がいいんじゃないかと思うのです。これから海外で建築を学ぼうとする若者にとってラテンアメリカ（あるいはスペイン語圏）は新たな舞台であろうと思っています。

05

師匠から学ぶこと

Learning from your teacher

大学の先生はやはり最初の大事な師匠です。最初に教わることは多かれ少なかれ身について、ずっと自分から離れないからです。その意味では偶然その人と出会うことが多いでしょうが、それが長くあなたに影響するものです。

師匠は要るのか

建築家になるのに師匠は要るのでしょうか?その必要性はさておき、多くの建築家を頭に浮かべると、その人の習った先生の顔も同時に頭に浮かびます。大学の先生や、最初に勤めた事務所のボスなど。しかしそういう師匠なしに独学した安藤忠雄さんのような人もいます。ですから師匠は要るのか？と問われれば別に必要ないと言うこともできましょう。むしろ中途半端な影響を植え付けられるよりかは、無垢な心で自分を見つめて自分の建築を作るほうが幸福なこともあります。それはいきなり独立して自分の事務所を開くのに似ているのでしょう。そういう人は独学ですが、自ら様々な建築なり、図面なりを見て勉強をしています。ですからそこには影の師匠がいるとも言えます。たとえば安藤さんは、大工さんや、旅で見た世界の建築が師匠だったのだろうと思います。誰かの弟子になっても、最初から独立しても、先人からの学びは不可欠。誰かの建築や図面に触れることも見ることもせずに、建築の設計はできません。

ディヴィッド・スチュワートの国際性

私は大学に三人の先生がいました。どの先生からも同じくらいずつ学びました。最初の先生はディヴィッド・スチュワートで彼は卒業論文の指導教官でした。建築家ではなく建築評論家、歴史家です。もともとルイス・カーンやロバート・ヴェンチューリが教えていたペンシルベニア大学で建築を学び、ロンドン大学でル・コルビュジエ研究をして博士号をとり、パリでＡＡ誌の編集をして来日した人です。東工大では英語を教えていましたが、建築学科で私たちの卒論を指導してくれました。徹底した英語指導で（というか日本語はわからなかったので）論文は真っ赤に添削。これほど懇切丁寧な指導は、彼の熱意なしにはできなかったことと思います。彼の研究室は私たち三人とその下の代二人の計五人だけが巣立った、幻の研究室でした。この五人は当たり前のように全員留学しました。それゆえ私たちの中には海外には普通に行くもので、建築は世界中で作るものだという共通の理解が生まれたように思います。

フランク・Ｏ・ゲーリーのリラックスさ

私がロサンゼルスに行きたかった大きな理由の一つはフランク・Ｏ・ゲーリーに会いたかったからなのですが、残念ながらゲーリーはＵＣＬＡでは教えていませんでした。しかし面識を得ることはでき、直接的な指導はなかったのですが、彼の自宅に指導教授のチャールズ・ムーアが連れて行ってくれたり、市内にたくさんある彼の建築に身体的に触れることができました。彼の自邸はそもそも建売住宅の改築増築で、使っている素材はロサンゼルス・バナキュラーのチェーンやトタン波板。だから決して周囲の街並みから浮かず、溶け込んでいたのです。彼が設計した建物はどれもロサンゼルスのストリートファッション的建築で、なんだか愛らしくて、肩肘張らないリラックスした空気が流れているのです。ムーアにも通底するこの空気はおそらくその後の私の建築を大きく支配しているのだろうと思うのです。

チャールズ・ムーアの優しさ

私のアメリカの先生は公式にはチャールズ・ムーアです。これは全くの偶然なのですが、東工大の四年生の時、前述のスチュワート先生指導の最初のゼミで扱った本は『The Place of Houses』（一九七九年）というムーアの著作でした。私たちはこの原書を数ヶ月で読む訓練をして、実に多くのことを学びました。この著者のところにその二年後に行くことになるとは想像もしていませんでした。割とイクスクルーシブなデザイン（建築を構成する強いデザインスタイルを打ち出し、それに合わない家具や素材を排除するデザイン方法）を指向する篠原一男とは真逆なインクルーシブなデザイン（様々な要素を受け入れるデザイン方法）を標榜するムーアのところに行こうと思ったのは著作から彼を知ったからであり、意図的でした。そういう世界を見てみたいと思ったからでした。ムーアは神経質で几帳面な篠原一男のまさに対極を行くような、おおらかな人でした。巨体を揺すりながら、そして物静かに。一緒にメキシコ旅行をした時は非常勤講師だったリカルド・リゴレッタとともに、夕方からマルガリータとワインを水のように飲みながら大量の料理をさらりと平らげてしまう、そんなまさになんでも受け入れてしまう人だったのです。そして私の修士設計の最終試験では、「この建物の身障者用の出入り口はどこですか？」と最初に聞くような優しい人思いの先生でした。

坂本一成の包容性

大学院を休学してアメリカに行き、帰国後東工大に戻り、修士課程を終わらせるべく論文を書き始めました。その頃篠原先生は最終年となっていて、論文は坂本一成先生との共同指導になりましたが、実質的には坂本先生の指導でした。坂本先生は私が大学院に入った時に武蔵野美術大学から異動されて東工大の助教授になられていました。私はアメリカでチャールズ・ムーアの影響を受けて帰ってきたこともあり、坂本先生のインクルーシブな包容力のある設計姿勢にとても共感しました。先生もまだ若く、こちらのしつこい指導要求に柔軟に対応していただき、超高層ビルの社会受容論をまとめることができました。これは坂本先生だから指導可能だったと思っています。さて篠原先生同様、坂本先生との師弟の付き合いは在学中に加えて、修了後も（いやむしろ修了後の方が）濃密でした。日建設計を辞めてからは頻繁に議論し、相談に乗っていただきました。私の大学での授業で先生宅を見学させていただいたり、雑誌のインタビュー、拙著に登場していただくなど様々な協力をいただいております。そうしたおつきあいをお願いしたのは、単に先生だからということではなく、心より先生の建築論を理解し、共感しているからなのだろうと思っています。

篠原一男の狂気

大学院で篠原研究室に進みましたが、私が篠原一男から教えを受けていると実感するようになったのは在学期間中ではなく、卒業してからだいぶ経って、毎月自由が丘で建築を語る会が始まってからでした。そこでは昼からワインを飲みながら夕方まで建築の話をしていました。多くは先生の新しい仕事や取材、本の話でしたが、ある時からそこに集まっている六、七人のメンバーで本を作ろうということになったのです。そして生まれたのが『篠原一男経由 東京発東京論』（鹿島出版会、二〇〇一年）という書籍でした。

メンバーが留学したり働いたりした世界の都市について、そのときの体験をもとに都市の持つ魅力や未来性を東京と比較しながら描きました。またすでに海外に帰国した留学生たちにも寄稿してもらい本を完成させたのです。その時初めて篠原先生が私の文章に赤を入れてくれました。在学中は論文に目を通すなんていうことは助手かドクターがやることで先生は行わなかったのです。

その後人数は減りましたが、篠原先生とは定期的に議論をし、それはおおむね四年くらい続きました。もう一回大学生をやっていたような感じでしたし、そこで直に手ほどきを受けたという実感を得ました。また篠原一男の設計作法は身体に焼き付いていて、自らの設計の中に知らぬ間に現れることがあるのを感じます。それは多くは幾何学的な形の作り方に関することですが、その形はいつでも感情の動きに導かれて生まれているのです。それは狂気にも似た強い感情です。あまりうまく説明できないのですが、ふと現れる瞬間的な感情なのです。

林昌二の批評性

東工大大学院修了後、一九八六年に就職した日建設計は、当時かろうじてまだ林昌二のセンスが残っている時代だったように思います。志望動機はもちろん林さんの建築を学びたいということでした。林さんは決して機能的で使いやすいだけの万人受けする建築を作る建築家ではありませんでした。〈パレスサイドビル〉、〈ポーラ五反田ビル〉、〈三愛ドリームセンター〉などの初期の傑作に見てとれるとおり、一般的なビルディングタイプに特有のステレオタイプを批判的に解体したうえで、林風の独特な形式を作り上げました。〈パレスサイドビル〉クラスの大規模な建築を独特のテイストで作り上げる力量は当時の建築家の中で右に出るものはいなかったと思います。

残念ながら私が入社した頃、林昌二のデザインピークは過ぎており、私は林さんから学んだのはデザインではなく、倫理だったように思います。入社してまず礼状の書き方、挨拶の仕方、パーティーの開き方、クライアントとの関係の持ち方、そして施工者との付き合い方などを習いました。林さんは絶対人を褒めない人でした。これはかなり徹底していたと思います。どんな素敵な建物でも修正点を挙げるか、特徴を挙げて価値判断を保留にするかでした。例えばベルナール・チュミが来社してレクチャーをした時は「この人は長いものを作らせると上手なんですよ」なんて紹介しました。またエミリオ・アンバースの時は「緑ばっかり作っちゃう人なんです」という風に、敬愛を込めてその人の特徴をズバッと言い当てるところはすごい目利きだと思いました。常に批評的にそして倫理的に建築を語る人でした。

［註］國分巧一郎『中動態の世界』（医学書院、二〇一七年）

著者の國分功一郎さんの専門は哲学です。中動態は能動態と受動態以外のもう一つの態であり、ギリシア語には存在していましたがその後多くの言語から消えていってしまったものです。この態の特徴は次のように説明されます。能動態では主語がその動詞によって示される過程の外にあるのに対して、中動態では主語はその動詞によって示される過程の内にあります。つまり気がついたらそうなっていたというような状態です。國分さんはそうした中動態の概念が、アレントの意志論やフーコーの権力論に見出せ、そしてスピノザの『エチカ』における神の存在の仕方に最も鮮明に見出せることを説明します。つまり神とは誰かに何かを施すような能動的な存在の仕方をするのではなく、神は自然であり万物の原因として存在しているのであると。振り返って人間社会を見る時我々は強い能動的意志をきっかけとして行動しているのではなく、行動した結果として意志が事後的に確認できるということも多々あります。ということは我々は自らの行動を決定するという意味での意志は原理的には保持しないのです。事後的に確認しながら中動態を生きているのです。言い換えると自由な意志というものを持ってはいませんが、自由を失ったということでもないのです。中動態という世界を生きながら、少しずつ自由に近づいているのだと結んでいます。

Ⅱ

働く準備

Preparing for work

リンダ・グラットンの『ライフ・シフト』では学んだ後に行うのは探検（exploration）です。と言っても砂漠やジャングルを探検するということではなく、社会の探検です。ＮＰＯに入ってまちづくりするとか、ボランティア活動することも含まれます。しかし多くの場合どこかに就職して働き始めることが多いと思います。そのためには就職活動をすることになります。そこで就活の心構え、試験の受け方はもとより、どこで働いたらいいかを再度よく考えることをお勧めします。そこで序で説明した五つの場所についてさらに詳細にお話しします。

06

就活について

About job hunting

就活をしたことのない自分は現代の学生の就活にかけるエネルギーの量に驚くとともに、ここまで時間を割かれる現状が不憫に思えます。自分も今を生きていたら似たような活動をするのかもしれませんが、マイペースを崩さないだろうと思います。

就活への心構え

私が修士を修了したのは一九八六年で、その時代はバブルが始まり、就職は願書を出せば通るというような状況でした。留学から帰国した修士二年生の夏、まわりはあらかた就職活動が終わっていましたが、私は残り枠を頂戴するような格好で日建設計に入れていただきました。

これに比べると今の就活は買い手市場なので、学生たちは可能な限り多くの企業にエントリーすることになります。その数は多いし、企業側は数日の試験を学生に課すだけではなく、インターンシップ研修と称して、一週間程度学生たちを企業に呼んで働かせてみて採点するという方法を取るところもあります。これが一つならまだしも、三つ四つとなるとこれで一ヶ月以上その作業に忙殺されるのです。

建築設計を職業にする場合、既述のとおりおおむね五つくらいの選択肢があります。その中でゼネコン、組織事務所は、企業のカラーがあるものの、会社の規模とやっている仕事の種類は比較的類似しています。その多くは株式会社であり、資本主義のシステムのなかで効果的に建築を作り上げています。会社を牽引する社長は建築デザインにつながるような個性を打ち出すことはなく、むしろ会社を安定的に運営することが役目です。一方アトリエはボスのファミリーですから、ボスの個性が強く現れた集団です。ですからゼネコン、組織事務所ならどこでもある程度予想されたスキルが得られるのに対して、アトリエではボスの個性で学べるものがかなり変化します。ボスを慎重に選ぶ必要があると思います。しかし既述の通り時代は少しずつ変化しており、アトリエでもボスとの対話で作るところも多く、ボスの個性だけで維持されている事務所は少なくなっています。

次にここが重要ですが、実際の就職先は、昔(私の頃)ほど人生を決定づけるとは思えません。私たちの時代は年功序列で、入社から退社までの生涯給与が決まっていました。上司とうまくいかず、社風が肌に合わず力が発揮できなくとも、給与は着実に上がっていくのです。だから一度入った会社に、安定的な職場環境を求めて最後までいるのが賢明という考えは成立していました。そのために会社を選ぶことはかなり慎重になる必要があったのです。しかし現代の会社は違います。給与は査定されて大きく変動します。上司があなたを理解せず、あなたが力を発揮できなければ、給与は減ります。そしてそれは必ずしもあなたの力が正当に評価された結果とも限りません。あなたと上司や会社との整合性が取れていない場合も多々あるのです。そんな場合、そこを辞することも重要な選択肢です。もちろん拙速は危険ですが、時間も貴重なのです。そのように考えてくると、最初の職場選択は社会に入学するための小学校くらいに考えてもいいのだと私は思います。

採用試験

ゼネコン、組織事務所の就職活動の時期は常に推移しています。私が学生の頃は学部生なら四年生、院生なら二年生が始まった頃でした。しかし今はそれぞれ一年早まっています。企業は他社に取られる前に、優秀な学生を獲得したいのです。設計業界で言えば、ゼネコンは三年生、院一年生を春にOBが誘導して会社訪問させ、OBの情報を元に選別してすでに夏くらいには内々定のようなサインを送ります。そして秋頃にはエントリーシートを書かせ、即日設計、面接などを経て年内にはほぼ内々定を出します。一方組織事務所は、学部生は三年生、院生なら一年生の年末くらいにエントリーシートを書かせ年が明けると即日設計、面接を経て春には内々定を出します。

まずゼネコン、組織事務所という大企業事務所の試験についてみてみましょう。ここでエントリーシートという志望動機などを書くフォームがあります。このフォームは大学で言えば願書ですが、これは最初の足切りの書類としているところと、加点方式の最初のスコアにするところがあります。後者の場合このフォームの内容が悪いとその後の即日設計や面接点が良くても挽回できません。ですからこのシートは慎重に書かないといけないのです。できることなら書いたものは先生なり、親なり、友達なりに読んでもらうべきです。それは常識の範囲で理解可能な内容になっているのか、短い時間で読める読みやすい文章になっているかがポイントです。読む方は下手をすれば一〇〇枚単位で読むわけですから、まずは読みやすい字で、論理的にわかりやすくなければ読み飛ばされるのがオチです。そしてそのシートである程度上位の人たちが次のステップに進みます。

設計の会社なら次に行われる試験が即日設計です。即日設計は設計の熟練度とかセンスも見られますが、まずは図面の綺麗さと完成度が評価されます。ですからその力を向上させる方法は練習です（一級建築士の試験は完全にその類です）。練習はやればやるだけ図面は上手になるものです。そして重要なのは綺麗に描くことです。線をまっすぐに太く見やすく、文字は同じ筆圧で、四角く同じ大きさに描いてください。練習といってもただやみくもに繰り返しやってもダメです。一回ごとに、上達するように意識して練習をしてください。意識して直そうとして描かないといつまでたっても上達しません。私の研究室では毎週即日設計をやっていますが、三年間線を真っ直ぐ描けない人がいました。それに対して二回目からまっすぐ描ける人もいます。それは注意しているかどうかと練習しているかどうかの差です。次に案の良し悪しですが、これについては突拍子もないアイデアは求められてはいません。もちろんエキセントリックなアイデアが、評価者の琴線に触れることはあるかもしれませんが、それは稀です。そういうことは狙わない方が賢明です。試験ですからあくまで出題者が期待している答えを描かなければなりません。それは敷地とか問題の文章の中に読み取れることも多々あるでしょう。光とか風とか周囲の環境に合うとか人の流れとか何を出題者が求めているのかを考える必要があります。しかしこうしたヒントが問題に隠されているとは限りません。だからこうした読み込みがいつでも加点につながるとは限らないのです。ですから図面を綺麗に描くという、普遍的な加点要素を満たすことが重要なのです。いい案が出るかどうかはその時のひらめきもあります。しかし綺麗な線を描くかどうかは練習と準備でいつでも可能です。失敗がありません。

次にアトリエですが、これは定型がありません。大体は作品集（ポートフォリオ）を持って来てくださいと言われ、面接をして、場合によっては二ヶ月くらい試しに働いてみてくださいと言われます。しっかりとした試験や即日設計などするところもあるみたいですが、ポートフォリオで選別して、数ヶ月働かせるというのが普通だと思います。それも行うのは四年生や修士二年生の終わりころ、あるいは卒業、修了した後というところもあります。そこでまず最低限重要なのはポートフォリオを美しく作ることです。それによって設計力がすっかり判断されるわけではありませんが、設計に対する姿勢、嗜好は見えてきます。またできればその作品の中に、何らかの賞を受賞した作品が入っていることが望ましいでしょう。大学の課題で発表者に選ばれたというのでも構いません。何らかの評価を受けたものについてはきちんと明記しておくことです。さらにポートフォリオとはただ写真を並べておけばいいというものではありません。綿密にレイアウトされていることが重要なのはいうまでもありません。

志望動機

志望動機はエントリーシートにも書くし、面接でも聞かれます。そしてこれは面接の定番質問です。それに対して受験者は会社や事務所のことをくまなく調べてなんとかその会社の特徴を踏まえてその特徴に自らがフィットしていることを主張すると思います。それは大筋として間違いではありません。しかし誰もがそういうことを言うのですから、その主張で差をつけるのなら工夫が要るでしょう。インタビュアーの心に残る必要があるわけです。となると会社の特徴の捉え方がホームページに掲載されているようなことをコピーペーストしているようでは浮かばれません。そうではなくて会社の特徴を自分なりに読み込むことが必要で、それを自分の言葉で語れているかどうかが重要だと思います。さてエントリーシートには時間をかけてそのことを丁寧に書くことができます。しかし面接で聞かれるとなかなか思うように答えられません。加えてこういう定番の質問には答えを暗記しておいて、棒読みする人がいますが、それは得策ではありません。受け答えがスムーズではなくなるからです。インタビュアーはそもそもコミュニケーションの力を確認したいと思っているのですから、記憶力を披露するのではなく、相手に理解されているかをその場で感じ取り、どうしたら自分の考えが伝わるかを素早く判断することが重要です。

ではそんなことどうやったらできるのでしょうか?　それも練習です。最初は棒読みかもしれません。しかしその次にこれにどんな質問が来るだろうかと自分の中で色々な質問を考えてみてください。そしてそれへの回答も何度も話してみることです。立って、座って鏡に向かって、身振りをつけて話してみてください。そのうちに話すことがなんとも感じなくなると思います。よくインタビュアーをかぼちゃと思えと言いますが、何もしないでそんな風に思うことは難しいと思います。練習に次ぐ練習によってそうした気持ちになれるのです。

就活に蝕まれた学生

現状の就活は、学生を蝕む伝染病のようなものだと思います。そして就活病に蝕まれた学生を見ると、彼らは悪くないのに可哀想だと思います。企業の雇用活動自体を否定するつもりはないのですが、様々な企業が人材欲しさに人参をぶら下げて自らの会社に呼び込む姿は、客引きにさえ見えてきます。そんな客引きに店に連れ込まれると彼らはなかなかそこから出られません。しかし学生は違う店にも行ってみたく一旦店を出たいのですが、出ると戻れないかもしれないと思うと出にくいものです。

企業の側から見ればいい学生が欲しい。だから可能な限り学生を値踏みして、将来活躍しそうな人材を獲得したいと必死になるのもわからないではありません。しかしそれが学生のためにはならないのです。というのも彼らは大学の最終学年に差し掛かる時期で、卒業論文や修士論文の準備期間です。そして論文は大学生活の集大成、結晶なのです。ここを蔑ろにするのはその学生の成長を摘み取ってしまうようなもの。ですから本来、企業を統括する経済産業省と、大学を統括する文部科学省がよく話し合って相互の協定をきちんと国レベルで決めるべきなのです。そして何より一番迷惑を被っている、一番損害を受けているのはそうした就活に蝕まれた学生本人たちなのです。企業はそのことをよく肝に命じていただきたいと思います。

私が妥当だと思う雇用活動は二〇一五年頃のスケジュールです。それはだいたい学部三年生もしくは修士一年生の冬の一月頃に解禁となりエントリシートなどをその頃書き込み、即日設計を二月頃に行い、面接を三月頃にやり、四月頃には内々定を出すと言うものです。こうすれば就活は概ね春休みに行うので授業や卒論、修士論文に影響は出ません。実はそのスケジュールを守っている会社もあります。それを見習えばいいのだと思います。

どんな会社を選ぶか

会社はズバリ二つの基準で選ぶべきだと思います。一つはその会社で自分が先頭に立って引っ張っていけるかどうか。繰り返しになりますが、人生一〇〇年時代にあって、会社は終身仕えるところではありません。いずれ皆さんは自律を考えるべきです。会社はみなさんが学ぶことのできる場所。そして何かを学ぶためには、受け身で教えてもらう態度ではなく、自ら先陣を切って社員を引っ張ることを考えるべきです。そのためには規模の大小に関わらず自らが先頭に立てるような場が用意されているか、そしてみなさんが期待されているかが重要です。巨大サイズで優秀な人材が有り余っているところでは皆さんの力はただの歯車にされる可能性大な訳です。

「鶏口牛後」という言葉があります。牛の尻尾になるのではなく鶏の口となれと言う意味です。これは「小さな集団の長になるほうが、大きな集団の末端になるより良い」と言う意味です。これは必ずしもトップに立つことがいいということではなく、小集団の上の方にいる方がやりたいことができて力を発揮できるということです。

二つ目はその会社が今まで何をしてきたかよりも（それも大事ですが）将来何をしようとしているかです。会社をブランドで選ぶなかれです。短い期間に会社を探すときは「その会社の実績」が一番わかりやすい選択基準です。しかし現在社会は大きな曲がり角に来ています。今までやってきたことが将来の力になるかは定かではないし、皆さんの働きやすさ、学びやすさにつながるかというとそれも確かではありません。

かつての実績による会社のブランド力はあなたにとっても、親御さんにとっても魅力的かもしれませんが、それよりも、新しい価値を追い求めて会社をさらに発展させようと考えている人が多くいるところを探すべきです。それがあなたの力になり、そして日本のためでもあるでしょう。そのためにも会社はブランドで選ばないことです。あなたの自分の目で見てその将来を判断して決めてください。

就職が決まらない時

運が悪く、就職が決まらないことはあるものです。長い間学生を見ているとその人の能力とは関係なく残念ながら、何が理由かわからないけれど、どこも採ってくれなかったという人はいます。仕方ないことでしょう。でも腐ってはいけません。とにかく様々な可能性を信じて努力する必要があります。しかし重要なことは七転び八起きの精神です。これは自分がいつもしていることですが、一回失敗したらそこから二つ教訓を得て三つのことを試してみることです。そして失敗しなかった時よりさらに良い状況が生まれるように持っていくことです。つまり失敗が状況をもっと良くしたと後々思えるようにすることです。これは就活や入試だけに言えることではありません。建築の設計や現場でも同じです。ガクッとするような大失敗は人生にはいたるところで待っていますし、確実に起こるのです。しかしそれはきっと次へのステップのために神が落としてくれたジャンプ台だと思うことです。そしてそれに乗っかってさらに遠くに飛ぶべく色々な準備や勉強をする必要があります。何か手を打つことです。やられっぱなしではダメです。次に進むための具体策が必要です。私が一番いいと思うことは誰かに相談することです。こんなこと言ったら怒られると思ってじっとしているのが一番よくないと思います。先生に先ずは相談したらどうでしょうか。万策尽きて呆然としている学生に手を差し伸べない先生はいないと思います。

07

どこで働いたらいいのか

Where is
the good place to work?

冒頭で建築家の働く場について概略説明しました。ここではもう少しそれぞれの場の特徴を詳細に見てみたいと思います。冒頭の種別を思い出してください。

個人事務所

①アトリエ

②大型アトリエ事務所

③プロフェッサーアーキテクトの研究室

大企業事務所

④組織事務所

⑤ゼネコン設計部

そこでこの類別に沿ってお話ししましょう。

―

アトリエ

まず最初は個人の建築家たち、彼らの多くは大学の建築学科を卒業し、どこかで設計者として働きます。短くて三年、長くて一〇年程度働き、その間に「一級建築士」という資格を得て、さらに一級建築士となってから三年の経験を積むと「管理建築士」の受験資格が得られます。それに受かると、自ら建築士事務所を開設することができるようになります。

そうやって開設された事務所の多くは少人数の小さなものです。これを建築設計事務所、通称「アトリエ」と呼びます。世の中には建築士が一〇〇万人以上います。そして設計事務所が一〇万以上あります。建築士数を建築士事務所数で割ると約一〇人です。組織事務所やゼネコン設計部など巨大な事務所があることを考えると、世の中の大半の事務所はアトリエと呼ばれる所員数十人未満の小さな事務所です。そして多くは自らの名前を冠した事務所です。町場にある医者の名を冠した個人医院と似ています。

アトリエには二種類あります。一つは個々の仕事を世に問う価値追求型のアトリエ。もう一つは実務に徹して、社会のニーズに一つ一つ効率よく応えていく、利益追求型のアトリエです。比率で言えば前者は全体の一割もないと思われますが、世の中に知られているのは前者です。

安藤忠雄や伊東豊雄あるいは二〇一二年に高松宮殿下記念世界文化賞を受賞した妹島和世、西沢立衛のユニットSANAAなど皆この価値追求型アトリエとしてスタートした設計事務所です。アトリエは数名でスタートして、住宅などの小さな建築を作りながら、プロポーザルなどで勝利して少し大きな建築の設計をするようになり、所員数も増やしていくところがあります。一方で小さな事務所の親密さや、家族的な体質を好み、アトリエを大きくしないであくまで一〇名程度の数を維持しているところもあります。

アトリエのいいところは小ささです。所長が所員の仕事を十分に把握して、的確なアドバイスをしながら、いい仕事が生まれることが多いものです。特に大企業事務所との差は良くも悪くも所長の個性です。個性が建築の設計を牽引して、クライアントを魅了して設計を進めていくものです。この個性に魅力があればそこで働くのは楽しいことです。

大型アトリエ事務所

アトリエの中でも既述の安藤忠雄、伊東豊雄、ＳＡＮＡＡ、槇総合計画事務所、などアトリエから始まりながらも、コンペその他で大きな仕事を受注するようになり、所員数を徐々に増やしながら数十人規模になった事務所があります。彼らの仕事の仕方は組織事務所とアトリエの中間を標榜します。そこでこれらの事務所を大型アトリエ事務所と呼んでみます。設計データのストックなども有効に活用しながら効率的に仕事を進める一方で、所長の個性で設計を引っ張ります。大型アトリエの最たるものは隈研吾の事務所でしょう。所員が数百人という規模はさながら組織事務所。仕事の種類も規模も組織事務所に引けを取りません。ですからデザイン力のみならず、マネージメント力も備わっていないと仕事を進めることはできません。その意味で大型アトリエ事務所はアトリエ的であり、組織事務所的でもあります。ただやはり個人事務所に分類されるのは所長の個性を全面に押し出しているからです。

たとえば隈事務所ではあくまで社長の隈の名を冠して、できたものは隈研吾の作品として世に売り出します。ですからこの事務所から出ていく図面あるいは模型は全て隈研吾の目が通っています。昔、隈研吾にインタビューした時こんな話を聞きました。彼が事務所にいるときは、彼の前に列ができてスタッフが一つのプロジェクトに複数の模型を持って順番待ちして、彼がどれにするか瞬間的に選ぶ。判断は全て模型。そしてそれを決めるのに時間はかけない。事務所の規模と仕事の規模が隈事務所に期待されているものを物語っていると思います。クライアントは大きな社会的なアピール、場合によっては宣伝効果を隈研吾に求めています。ですから世に訴求力のあるビジュアルインパクトを期待しています。その中でスタッフに求められていることは、そうしたクライアント（同時に隈研吾）の要望にどれだけ迅速に応答できるかという能力です。それはコンピュテーショナルな力でありそれを活用した説得力のあるプレゼンテーション能力だと思います。

プロフェッサーアーキテクトの研究室

大学の先生をしながら大学の研究室で設計をする、あるいは大学の外に事務所を構えて設計活動をするのがプロフェッサーアーキテクトです。大学の研究室は建築設計事務所ではないので、確認申請業務や、設計監理を法的に行うことはできません。そのような業務が発生しそうな場合は設計事務所と共同します。大学の先生にとって設計は一つの研究です。それは医学部の教授が臨床研究するのと似ています。研究プロジェクトであり、一つの実験なので、フィードバックされて次の設計の重要な資料となっていきます。研究室の研究なので有志学生はその研究に参加し、受注者と共同で設計を行います。設計事務所でもそうした研究所という名を冠するところがあります。設計は一つの実験で研究として設計をしているという気概が名前に表われていると思います。しかし研究所という名前が付いても、設計事務所は営利目的を外せません。一方大学研究室では営利はむしろ禁じられ、研究に専念します。そして私が知ることになった最初の個人の建築家は篠原一男というプロフェッサーアーキテクトで大学の教授兼建築家でした。篠原一男とその弟子である坂本一成は私の先生です。篠原一男の先生は清家清、その先生は谷口吉郎で、みな建築家であり、大学の先生をしていました。彼らは社会的には大学教授というステータスを兼ね備えているので、普通の建築家以上に見識があるものとみなされていますし、そのように振る舞わねばならないものです。そう振る舞う結果彼らは普通の建築家よりも、社会的発言がやや多かったり、信頼を得やすかったりしました。谷口吉郎が皇居内の施設を多く設計できたのは彼の血筋もありますが、大学教授というステータスがプラスになったといえるでしょう。しかしだからといって仕事がたくさんあって建築家として成功するかどうかは別問題です。建築家、教授双方の力が他を寄せ付けない場合だけ、丹下健三のように世界的な建築家になれるのです。しかし往々にして大学の研究教育と設計活動は親和性が高く、相乗効果を持って成功している建築家は多いと思います。大学にいて設計をする建築家は学生と一緒に（つまり若い知恵を感じながら）設計できるというメリットを持っていますが、研究教育の傍で設計活動をするので沢山の設計を一度にできないというデメリットもあります。

大学に残りながら建築家を目指す人はそんなに多くはないでしょう。というのも大学の研究者になる枠は狭いからです。しかし研究教育に興味がある人にとっては、これも一つの道です。研究室で先生の設計を手伝う場合はだいたい大学院の修士課程、博士課程に在籍するか研究生となって、数年（少なくとも三年くらい）プロジェクトの最初から終わりまでを見るのが普通だと思います。設計をしている期間は論文を書く時間がないもので、博士課程に在籍して設計と論文の両方を三年間で完結させることはできません。どちらかに専念しながら時間をかけて双方を達成することになるのです。

組織事務所

大型アトリエ事務所より規模が大きく、所長の個性ではなく、所員の総合力で組織的に設計を進める事務所が組織事務所です。これらの事務所はその出自がアトリエだったものと、大企業や公社の営繕だったものの二つに分かれます。前者の事務所として、石本喜久治による石本建築事務所（一九二七年創設、従業員数三七八名）、山下寿郎が創設した山下設計（一九二八年創設、従業員数四四二名）、久米権九郎による久米設計（一九三二年創設、従業員数六五〇名）、佐藤武夫による佐藤総合計画（一九四五年創設、従業員数三二九名）などがあります。

一方後者の事務所としては逓信省の営繕課として始まり（一八八五年）現在民営化されたNTTファシリティーズ（従業員数五三〇〇名）があります。また三菱社の建築設計部門として始まった（一八九〇年）三菱地所設計（従業員数七四三名）、住友本店臨時建築部としてスタートした（一九〇〇年）日建設計など（従業員数二六八五名）があります（従業員数は二〇二二年現在のもの）。

アトリエ母体の事務所に比べると、公社あるいは企業が母体の事務所は大規模です。というのも関連企業施設、あるいは公社の施設が仕事として連続的に発注されてきたからです。公社スタートのNTTを除くと、民間レベルで日本一大きな建築設計事務所は〈東京タワー〉を、そしてあの〈東京スカイツリー〉も設計した日建設計です。従業員数二〇〇〇人を超える巨大設計集団。仕事は建築設計のみならず、土木設計、都市設計、構造設計、設備設計、と幅広くこなします。先ほどの大型アトリエ事務所と異なり、建築設計に必要な構造設計や、設備設計のエンジニアも抱えているところが「組織事務所」と呼ばれる事務所の特徴です。さらに言えば、彼らはチームで設計をすることを旨としています。チーム設計はもちろん大きな仕事になれば個人事務所でも発生します。しかしどちらかといえば個をあまり顕在化させずに、日建設計というブランドに回収する方法でソリューションを提示するのがここでいう「チーム」で設計するということの意味です。

そんな中で設計をしている日建設計のＹさんは〈渋谷ヒカリエ〉を、そして〈東京スカイツリー〉の設計をチーフとして行いました。地図に残るような、誰もが知る建築を設計できるのは建築家冥利に尽きるといえます。しかし一方でチーム設計をするということは個の抑制、全体の意見調整に追われることを意味します。地図に残る建築に携わる喜びと、チームプレイに徹しなければいけないことはおおむねバーターなのです。

またチームの建築家に期待されているソリューションは総合的な見地から客観的、科学的に提示しなければならず、それゆえ巨大組織にはエンジニア部門が常設されていて科学的に客観的に考えることを旨としています。建築の総合力をより科学的に発揮したいと考えている人たちに適した職場なのだろうと思います。

ゼネコン設計部

チームの建築家のもう一つの働きの場としてゼネコン設計部があります。世界的にみてもトップクラスにある日本の施工技術を支えているのはゼネコンです。そこには長い歴史があります。そして彼らが持っている技術力は技術研究所での研究開発に裏付けられています。その技術力を裏付けにした彼らの設計力は着実に進化しています。組織事務所がメーカーとともに作り上げてきた設計技術力に、勝るとも劣らないレベルに到達しているのではないでしょうか。

また何と言っても一番の特徴は設計施工の一貫性が生み出す、利便性、コストの保証力です。ゼネコンのような設計施工一貫請負いの場合、施工を設計者が監理しづらいデメリットはあります。しかしそこで得られるものも大きいのです。言い換えるとクライアントは施工優先でともすると工事中の監理能力が低減するのとバーターに、設計施工の一貫性が生み出す利便性とコスト保証を獲得できるのです。クライアントからすると大企業の持つ安心感によって不安を払拭して最終的に出来上がるものの平均的レベルの高さを頼りに彼らへの信頼へと至るのだろうと思います。

五つの場所は既述したように給与や忙しさや仕事の種類が違うわけですが、最初の三つと後半二つとはかなり違うことがあります。後半の二つは仕事上の上司がいてその人のもとで、その人の指示に従って仕事をすることが多いわけですが、その上司の言うことを自分なりに解釈しながら自分なりの提案をしていきます。そしてその案が比較的通りやすいのです。デザインを民主主義的にやるのが大企業事務所の基本だからです。これに対して前半三つの個人事務所ではボスは一人です。こういう場所ではボスの個性を売り物にしている場合が多いのでこのボスの指示は割と絶対であり君主的な仕事の仕方をするものです。磯崎新アトリエに勤めていた青木淳さんや渡辺真理さんは異口同音に言っていましたが、彼らはどうしたら磯崎さんが欲しているものをデザインできるかを考えていたのであり、自分なりの案を考えていたのではなかったようです。ですから独立後の姿を見るとアトリエ出身の建築家には前職のボスの個性が強くにじみ出ているケースが多いように思います。そのボスの個性が強ければ強いほどその傾向は強いでしょう。

たとえば西沢大良さんの事務所出身の畝森泰行さんや長谷川豪さんには建築のサイズやスケールへのこだわりが強く残っていますが、それは西沢さんのこだわりでした。一方組織事務所やゼネコン設計部を卒業した建築家はそうした強い個性を引きずることはありません。そして組織やゼネコンの持つ技術力を十分に吸収して設計をしているので、デザインのスタイルは比較的中性的でそしてディテールに安心感が感じられる爽やかな建築を作るケースが多いと思います。たとえば日本設計出身の千葉学さんや早草睦惠さん、あるいは日建設計出身の安田幸一さんなどがそのいい例でしょう。

五つの場所の性格

五つの場所の性格についてもう少し経済学的に分析してみましょう。というのもプロフェッサーアーキテクトや、アトリエと組織事務所、ゼネコン設計部の間にはその事務所規模以上の仕事の質の差があるからです。その差をカール・マルクスの『資本論』(一八六七〜一八九四年)〔註1〕に則って見るならば、プロフェッサーアーキテクト、アトリエの仕事は資本制に形式的に包摂され、組織、ゼネコンの仕事は実質的に包摂されていると言えるのです。この資本制への包摂というのはどのような意味かを説明しましょう。例えばここにある生産者がいてその生産物を輸出して売ってくれる大商社がいるとします。この生産物はユニークな特徴があって世界中にニーズがあるとします。しかし生産者は自らのペースで、手作業でこの製品を作りたいので売る量と値段と時期については自分の主張を通します。こういう風に生産者側に様々な条件を決定する権利がある場合これを資本制への形式的包摂と呼びます。

一方大商社はこの製品が大量に高く売れることを知っているのでこの生産者を会社ごとまるごと買い取って自社の一部として生産者を自社の社員として大量に早く作ることを考えました。買収の値を釣り上げられて、つい自社を売ってしまった生産者は生産量と時間を管理され、今までとは異なるプレッシャーを受けて生産することになるわけです。この状態を資本制に実質的に包摂されていると呼びます。

さてアトリエの仕事と、組織、ゼネコンの仕事の仕方を見ると前者は形式的包摂、後者は実質的包摂になる場合が多いのです。なぜかというと個人事務所の仕事は担当者とクライアントは個人対個人の付き合いをすることが多く、クライアントは設計者の仕事ぶりを見ながら、設計締め切りや設計料などについて腹を割った話がしやすいものです。一方組織、ゼネコンの場合締め切り、設計料などは会社対会社の間で、設計者と先方の担当者を飛び越えて、法人の資本の論理で決定されることが多いのです。実質的包摂の中で仕事をすると個々の考えが反映されにくいので精神的には辛いことが増えてきます。またこうして行われる仕事の質をハンナ・アレントという哲学者が『人間の条件』（一九五八年）［註2］で述べた概念で説明してみましょう。アレントは人間の働きを「労働」「仕事」「活動」に分類しました。労働とは人間が生存していくために行う働きです。仕事とは人間の創造的な働きです。そして活動とは人間の政治的な働きです。建築の設計とは本来とても創造的な働きですが、資本制に実質的に包摂された中での働きは、労働になる可能性が高くなります。それは自らの働きの対価が自分の知らないところで勝手に決定されて、その内容にかけられる時間も自分では決められないことが多いからです。一方資本制に形式的に包摂されている場合、それらの決定権はこちら側にあるわけで、設計本来に備わる創造性は維持される確率は高くなると思われるのです。

どこかで働かずに事務所を始める

働くなら五つの場所があると言いましたが、もちろんどこに就職することもなく、独立してしまうと言う独学の道というのも稀有なケースですがあるわけです。最近京都大学を退任された竹山聖さんがそうでしょう。オイルショックで就職難ということもあり社会に拒否されるなら、こっちも反骨精神で社会を拒否してやろうと設計組織アモルフを大学院在学中（一九七九年）に設立し自律の道を歩んだと昔聞いたことがあります。

北山恒さんは大学院修士課程在学中に建築ユニット・ワークショップを設立しています（一九七八年）。古澤大輔さんは大学院修士課程を修了してすぐに（二〇〇二年）メジロスタジオを設立しました。山道拓人さんは大学院の博士課程在学中（二〇一三年）にツバメアーキテクツを作りました。こんな風に誰にも教わらずに建築設計の仕事をやり始める強者たちもいます。多くはみなさん大学に残り教職の道も視野に入れながら研究をしつつ設計も並行してやっていたというケースが多いのではないかと思います。しかしおそらくこういう人たちも、何がしか先輩の教えを乞うとか、先生のお手伝いをしながら現場経験を積みながら独立するにたる知識や経験を身につけているものです。

では彼らは設計をどうやって学ぶのでしょうか。もちろん独学なのですが、古澤さんにインタビューした時になぜ独学でこれだけ精緻なディテールを処女作から設計できたのですかと聞いたところ、常に気になるいいディテールを雑誌などで探し、発見した場合はそれを自分のノートに描き留めておくのだと言っていました。おそらく多くの独学の建築家たちはそうした努力を人知れず行なっているのだろうと思います。しかし逆に言えば、建築は独学でも学べるものだということがこれで明らかになっているとも言えます。その一番有名な例は安藤忠雄さんということになるのでしょう。しかしそのためには人一倍の高い志が必要であることは言うまでもありません。

海外で働く

私の教え子の一人は、信州大学を卒業するなり中国で働き、数年でチーフデザイナーとなり個室をあてがわれていい給料をもらっていました。理科大に来てからの最初の教え子のO君は大学院でデンマークのオーフス建築大学に留学して、そのままデンマークで就職しました。彼の初任給は六〇万円を越していたと思います。また大学院でUCLAに留学したK君の話ではUCLAの彼の先輩はフランク・O・ゲーリーの事務所に就職して初任給は八〇万くらいだと言っていました。海外では日本と異なり、大学院卒は学部卒よりそれなりに給料にその価値が反映されるのと、スター事務所では給与が高いようです。日本の物価と給与が先進国の中ではとても低いという事情もあります。

私は海外で働いた経験はありませんが、UCLAの大学院を修了した後、かなり悩みました。そのままアメリカにいて働いてもいいのではないかと考えました。その可能性にかけようかとなんども本気で考えたのですが、結局最終的に独立した建築家になろうと思った時、人間関係が仕事を得るのに重要であるだろうから、日本で働いてコネクションを作ることが必要だろうと考えて帰国することにしました。しかし田根剛さんのように海外で学び、そして働き、大きなコンペを勝ち取り、世界的な建築家になっている人もいます。もちろん誰でもできる芸当ではありませんが。ただ、これから日本の建築需要は人口の減少と景気の停滞、によって確実に減少すると予想されます。またスクラップアンドビルドの考えは減少してリノベーションも多くなるでしょう。ですから総じて日本に作られる新しい建築は減ります。そんな時世界も視野に入れて働く場所を探すのは普通のことになると思います。

以上、海外も含め七つの働く場を解説しました。働く場はフランスの社会学者ピエール・ブルデューの『ディスタンクシオン』（一九七九年）［註3］によれば単に働く内容の差を生むだけでなく、その場に関わる人間関係や評価軸の差も生むのです。その点もよく考えることが必要だと思います。ブルデューについては章末に解説します。

［註1］**カール・マルクス『資本論』（一八六七〜一八九四年）**

カール・マルクスの『資本論』は岩波文庫で九冊あります。マルクスが自身で書いたのは三冊までで、残りの六冊はエンゲルスがマルクスの死後に書いたもの。一般的には自身で書いたこの最初の三冊が重要であると言われています。したがって私もこの最初の三冊しか目を通したことはありません。マルクスは共産主義を考えた人で共産主義は瓦解したからもう昔の人だというのは大いなる勘違いです。この資本論は資本主義について分析した本であり、そしてこの資本主義がいつかは終焉を迎えざるを得ないということを理論的に記した本です。現在我々の世の中がどんどん住みにくくなっているこの状況をこの資本論に則ってみるならその整合性に驚きます。一九世紀末に書かれ本がどうして一〇〇年以上先をこれほどに正確に言い当てていたのか不思議です。もちろん資本主義がいまだに瓦解していない点は唯一資本論と現状が一致していない点ではありますが、我々が現在資本主義にある修正を加えざるを得ないと感じているのは日本の与党も同じであり、時の岸田首相は「新しい資本主義」を標榜しています。彼らこそが、おそらく『資本論』の正確さを痛感しているはずなのです。資本論から建築の世界に生きる我々が学ぶことは多々ありますが、そのとても大事な概念である資本制の包摂について本文中に記しました。我々は設計図を生産しており、それを売って生きているのです。売る相手は事務所です。そして事務所はそれをクライアントに売るわけです。当然この途中の段階で事務所は搾取しています。それによって事務所を運営しているわけです。そしてこの搾取が大きな事務所ほど大きくなるのは当然のことです。ですから大きな事務所は設計効率の良い大きな建物を設計します。そうした原理を私たちはこの本から学ぶのです。

［註2］ハンナ・アレント『人間の条件』（一九五八年）

人間は三種類の働きの可能性がありそれらをすることで人間たる人生を送れるのだといいます。それらをアレントは「労働」「仕事」「活動」と呼びます。それぞれ労働は人間が生きていくために必要な働き、仕事は人間が創造的に物を作る働き、活動は人を相手にしてコミュニケーションして物事をなす政治のような働きです。これら三つの働きの大事な順番が古代ギリシアでは上から活動、仕事、労働であったのが、現代では上から労働、仕事、活動となり、本来人間が自由に頭を働かせた働きが今は過小評価されていることをアレントは嘆きました。私は建築家としては創造的な仕事の評価が真ん中で動かないのがややじれったい気持ちです。「仕事」こそ我々の最も尊ぶ働きであり、我々は「仕事」をできるように生きていく必要があるのだろうと思っています。労働は重要なことではありますが、建築において、特に我々設計を志す者にとってそれが食べるための必然的な働きであるとなってしまうと、その働きに長時間かけて苦労を感じないでいられるのは難しいと思います。その働きが喜びとならなければ辛いものでしょう。そのためにも設計を労働ではなく仕事として行える環境を自ら作ることが必須だと思います。

［註3］ピエール・ブルデュー『ディスタンクシオン』（一九七九年）

本書のタイトル、ディスタンクシオンとはある社会的階級が別の階級とその差を維持する原理のことです。階級制度がなくなって民主的なこの世の中においても、経済的文化的に人々の間には差異が生まれます。ではそうした差は何から生まれるのかということを探求したのが本書です。一言で言えば、その原因は、先ず、出身階層によって左右される教育水準によるものです。著者はそれを「学歴資本」と呼びます。そしてこの学歴資本を含めて、その人間の持つ所有可能な文化財物や資格なども含めて「文化資本」と呼ばれます。さらに社会に出て働く場における人間関係の総体を「社会関係資本」と呼び、これらの資本の変数がその人の生きる「場」を指定し、その場の中で生きていくことを強制します。それぞれの場にはその場に備わった行動の性向の体系がありそれをハビトゥスと呼び、人はそのハビトゥスに従って行動することになるのです。

さて大学というのは一つの学歴資本であることは言うまでもありませんが、そこから海外に行くことや、どこの会社で働くかということでさらに社会関係資本や文化資本に差が現れることになります。海外に行けばそこに新たな人間関係や、新たな知見という文化資本が蓄積され、そして働く場はゼネコン、組織、アトリエによってそれぞれに異なる人間関係があり、その中に入り込みその場のハビトゥスで生きるということになるのです。

Ⅲ

働く

Getting to work

さて社会に出ていよいよ建築を生業として生きていく段階です。多くの学生は学んだ建築と、できるあるいは作る建築の違いを痛感します。そこに待っているのは本当の敷地、生きたクライアント、本物の建築物です。それらは全てが実在するリアルなものです。きっと最初はうまくいきません。しかしそれを受け入れて咀嚼するのが「働く」ということです。そして建築は自分、クライアント、社会との中で成立してくるのであるという本質を知ることになります。さらにそれらをどれだけ学べば自分一人で考えていけるようになるのか。その条件を述べたいと思います。

08

どんな建築を作るか

What are you going to build?

私は大学時代、建築とは何か、私たちの未来をどう作るべきかといった高邁な思索に耽っていたわけですが、果たして社会に出て、現実的な設計を始めて一体そういうことを考えている暇はあったのでしょうか。

―

最初のつまずき

学生時代に学んだことは大体役に立たないと言われています。それは私が働き始めた頃の建築業界の常識でした。いや今でもそうかもしれません。日建設計の林昌二は憤慨していました。どうして大学は役に立つことを教えないのかと。脱線しますが私は別に社会で即役に立つことを大学で教える必要はないと思っています。もっと建築の根源的なことを大学では教えるべきで、社会で必要なことなど一年も真面目に働いていれば身につくものだと思っています。実際自分はそうでした。同輩の中にはすでに大学時代から一流の設計事務所で長くアルバイトをしてきた輩がいて、図面を描くのも理解するのも私の倍は早く、私はやっていけるのだろうかと落胆したこともあります。大体大学で私たちがやってきたことはアーティスティックなプレゼンテーションに終始していて、ＪＩＳに則った正確な図面を素早く描くなんていうトレーニングは積んで来なかったからです。いかにしたら地震に強い建物が作れるかとかどうしたら省エネでエコな建築になるかというようなことを問題視していませんでした。もっと観念的な問題、言ってみれば「建築とは何か」と言った哲学的な問題を考えていたのです。

さてそんな訓練ばかりしてきた学生であった私（たち）が社会に出て、さあ今日から実際に建つ建築の図面を描きなさいと言われてすぐに描けるわけもないのです。というわけで私は最初のプロジェクトでつまずきました。上司が自席にいる時をめがけて自分の描いた案を持っていくのですが見てもくれないのです。なぜかというと、私のスケッチがコンセプトとかイメージとか透視図ばかりで、平面図、立面図、断面図という設計の基本の図面がきちんと描けていなかったからです。これはこたえましたが、仕方ないと諦めひたすら平面、立面、断面を描き続けました。

会社の仕事以外に何をしていたか

日建設計に入って二年目に、高校時代の友人から別荘の設計を依頼されました。設計事務所で働くものが個人的に設計を依頼された場合、別荘のような建物を設計している設計事務所なら、まずボスにお伺いを立ててその仕事を事務所でやりませんかと聞くものです。しかし事務所がそんな小さな仕事をしない場合、つまり日建設計のような当時で言えば数億を下回る工事費の建物の設計などしない事務所の場合は事務所にお伺いを立てたとしてもうちはやりませんからと言われて、断っておいでと言われるだけです。もちろんそんな仕事を勝手にやることは会社の規則違反なのです。しかしそんな規則を知らなかったからなのか、知っていてもこっそりやれば分かるまいと思ったからなのかは思い出せませんが、私はその友人の依頼を引き受けました。

しかし私の残業時間は月一〇〇時間を超えており一体いつその仕事を考えていたのかは思い出せません。睡眠時間を削ってやっていたのでしょう。そしてその友人の依頼には続きがあります。「この別荘の設計に設計料は払わない。しかしその代わり坂牛の好きなようにやってくれ」というものでした。これが建築家魂に火をつけました。図面を描くのは半人前でも建築を考えることは一人前だろうとの自負があったから好きに考えていいというオファーには興奮を覚えたのも当然です。私はＵＣＬＡ留学から帰国して未だ数年しか立たず、心にはカリフォルニアの風が吹き、デザインは勢い西海岸風に侵されていました。できた案は恩師ディヴィッド・スチュワートをして「ゲーリーよりゲーリーらしい」と言わしめました（図1）。そしてその案は憧れの建築コンテストである「ＳＤレビュー」に入選したのです。働き始めて一年目は残業に次ぐ残業の上、図面もまともに描けないというレッテルを貼られ、クタクタになっていたのでコンテスト入選には涙がでました。さらに当時日建設計で設計を任されていた〈横浜博覧会住友館〉のデザインもそのコンテストに出して入選、ダブル受賞を果たしました。

　これによって社内の目もだいぶ変わりました。今まで新人君として、言うことの半分は信用されなかったものが、受賞が知られてからはボスもまあ好

図1｜河口湖T計画（山梨県、1989年、設計：坂牛卓、写真：本木誠一）

きにやれと信頼度がグーンと増したのには驚きました。しかし皆が皆いい顔をしていたわけではありません。既述の通りこれは規則違反なのです。アルバイトは禁止で、そんな時間があったら会社の仕事をしろというのが当時の常識です。竣工した時にＳＤレビューに入選していたこともあって、『日経アーキテクチュア』から雑誌掲載の依頼を受けました。そして後先考えず雑誌の依頼を了承して掲載していただき、私なりに建築の解説も偉そうに書きました。やった―デビュー作完成、しかも著名雑誌に発表と喜んでいたのも束の間、上司に呼び出されました。「社長も見ているからね、日経アーキテクチュアは」と言われました。入社式でしか見たことのないあの社長に目をつけられたと言うことは何が起こるのだろうか？とビクビクしていましたが、その後何も起こりませんでした。

こうした副業は、かつては禁止されていました。しかし今は兼業が許される時代です。就業時間以外にこうした自らの想像力を活かす仕事をすることは会社も勧めることではないでしょうか。是非とも幅広い働き方をしてみるといいと思います。

建築の作り方を学ぶ

日建設計に入って最初にやった仕事は〈日比谷ダイビル〉という村野藤吾が渡辺節の事務所時代に設計したビルを解体して新しく建て直すというプロジェクトでした（図2）。今から考えるとひどいことをしたものだと悔いの残る仕事だったのですが、当時はすでに基本設計がほぼ終わる頃にそこに放り込まれ、ボスと二人でひたすら広場と外装の図面を描きながら模型を作るという毎日でした。そのうち基本設計が終わり実施設計となって、外装のＰＣ（プレキャスト・コンクリート）の図面を毎日毎日ＰＣ屋さんと打ち合わせしながら描いていました。当たり前ですけれどＰＣとは何かから学び、それを鉄骨にどう

図2｜日比谷ダイビル（東京都、1991年、設計：日建設計）

やってつけるのかを教えてもらい、次にそのPCには石をくっつけることができてその石の種類を変えることで外装に模様ができるのだということを知るまでに数ヶ月くらいかかるわけです。そんなことをダラダラやっている一方で設計スケジュールは待ってくれませんからとにかく図面としてまともになるようにあっちこっちの先輩に聞いては直して描いて、描いてまた描くという毎日です。幸い日建設計には外装詳細の専門家、横田暉生さんという人がいてその人が運よく私のチューターとなってくれたので、横田さんおよび素晴らしいメーカーのトップクラスの方々に教えて頂きながら図面をまとめました。

外装詳細に現れる窓周りでは次なる課題が与えられました。オフィスビルの当時の室内環境の改善ポイントとして、窓際の暑さ寒さ対策は重要でした。そこで窓際のガラスを二重にして（ペアガラスを使うのではなく）、内と外を隔てるガラスの内側三〇センチくらいのところに、もう一枚ガラスをはめてその間に空間を作ることで暑さ寒さを遮ろうというディテールでした。このディテールも全て私の描いていた二〇分の一の外装詳細図に描かなければならず、そのディテール作りに日夜わからないことだらけで目が点になっていたのです。そして最終的にはその後オフィスビルのスタンダードとなるようなエアフローウィンドウという形に結実しました（図3）。しかしそんなふうに日建での最初の仕事は知識を増やして終わったというのが本音です。「建築とは何か」なんて大学で考えていたことは嘘のようでただただ建築の作り方を学んでいたのでした。

入社二年目、私は配属替えになり、林昌二が自ら提案して生まれた「東京スタジオ」という部署に異動となりました。林はもはや日建の力が竹中工務店の設計部や坂倉準三建築研究所などに負けていると考え、少し作戦を変えて、少数精鋭のゲリラ部隊を作ろうとしました。そこで場所もアトリエのようにマンションの一室として、そこに企画チーム、意匠チーム、エンジニアチームを作ったのです。企画チームには山梨知彦さん、エンジニアチームには現在慶應大学の先生になった伊香賀俊治さんがいました。私は最初にやっていた〈日比谷ダイビル〉の仕事が終わらずに新しい部署に異動するのが遅れていましたがやっとマンションの一室に席を変えた時には、意匠チームの二人の先輩のうち一人が病気で入院して、その先輩が残していった青山の小さなペンシルビルの設計

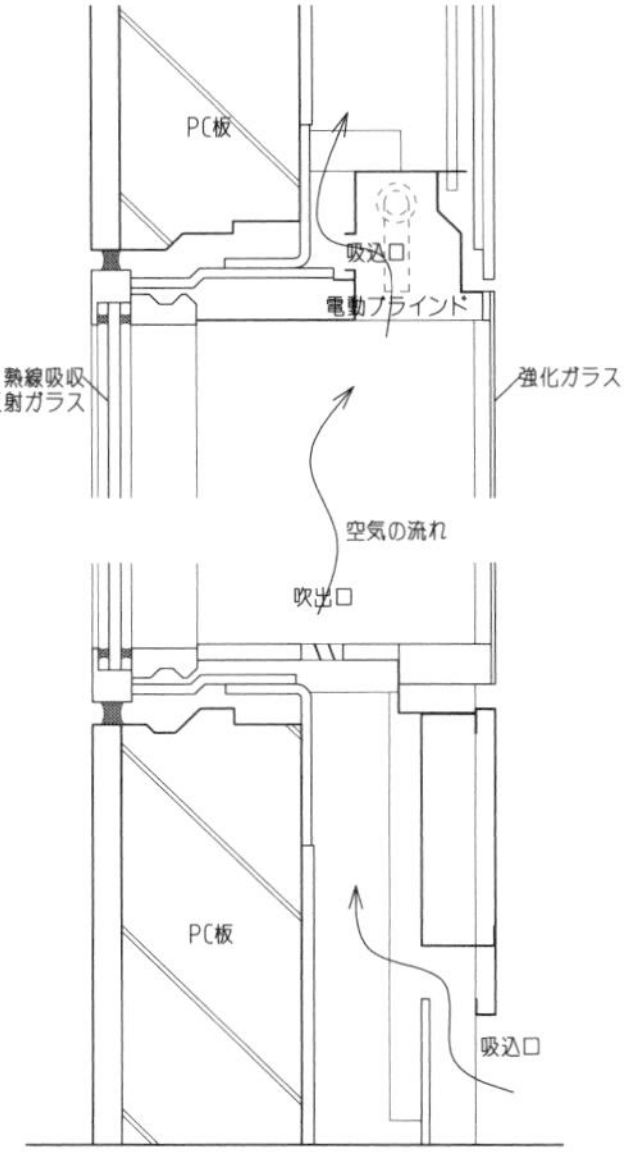

図3｜日比谷ダイビル外装詳細図

を引き継ぐこととなったのでした。それはワンフロア一〇〇平米もない五階建(だったと思うが)のビルで、前面道路も狭いためなんと建物は二階から道路斜線で斜めにちょん切られる形をしていました。こんな格好した建物を設計するのはこれが最初で最後でした。さてここでは「建築とは何か」なんていうことを考える暇があったかというとやはり全くありませんでした。というのも今回の問題は先ず、確認申請を一人で通さなければいけないということでした。もちろんまだ一級建築士の試験はおろか勉強さえ始めていない大学上がりの若造が、先輩もおらず確認を通すために区役所に奔走するのは惨めとさえ言えます。さらにこの小さな建物には林昌二の技術的、実験的な挑戦が課せられていました。それはオフィスビルの一般的な机上面照度五〇〇ルクスを間接光だけで達成せよというものでした。オフィスビルでは普通、蛍光灯の直接光の光源が天井にかなりの密度で並んでやっと机の上が五〇〇ルクスになるのですが、この光源が見えないようにしなさいというのが林さんの命令だったわけです。そこで強力な光を天井に向かって放射し、その反射で机を照らそうと計画、そして実現しました。しかしそこでもまた建築とは何かなどという深遠な建築的思考はできずに終わったのでした。

どんな建築を作るか考える

次に来た仕事は〈横浜博覧会住友館〉というパビリオンでした。場所は横浜のみなとみらい地区です。そのあたりは今でこそ〈ランドマークタワー〉が建ち、突端には大会議場や展示場がありますが当時ここは何もないただの埋立地だったのです。そこをこれから開発していくぞという旗揚げに博覧会をやるというまさにバブル前夜のお祭りのようなものでした。私たち日建設計はもともと住友商事の前身である住友本店の臨時建築部だったのでこういう時には住友グループのデザインをするのがお定まりでした。子供がテーマということで私たちはおもちゃ箱をひっくり返したようなデザインを模索しながら、その色付けを住友グループの社員にアンケートして、さらに横浜というイメージを作るために建物の上に立体トラスで作った巨大なカモメをのせるというデザインをしました。

デザインがある程度固まった時に私はこれをＳＤレビューに出品して採択されて展示していただくこととなりました。この時は前二作とは異なり、少しはデザインをデザインらしく考えることができました。しかし果たして建築とは何かというようなことを考えていたかというとただ手の動くまま、なんとなく派手で目立ってかっこいい建築（というよりオブジェ）を作って終わった気がしています（図４）。

さてその後少しは建築とはというようなことを考えるきっかけとなったのは「東京湾アクアライン」

の〈風の塔〉を設計した時だったような気がします（図5）。この建物は川崎と木更津をつなぐ一五キロの高速道路のうち一〇キロの海底トンネルの上部に作られた換気塔です。一〇キロの海底トンネルにたまる排気ガスを海上に吐き出すために、トンネルの真ん中あたりに直径二〇〇メートルの島を作り下の海底トンネルとつなぎます。そして島の上に換気塔を作ったのです。換気塔というのは地下施設があるところにはよく見られます。そしてそれは普通それほど凝ったデザインではなく、あまり目立たないようにでも見苦しくない程度にデザインされた高くても高さ二〇メートルくらいのものです。しかしこの海上の換気塔は東京湾の真ん中にあります。そして東京湾とは世界でも有数の海上過密交通地帯として有名で、海外の船がひしめき合っているのです。そこでこの換気塔を作る東京湾横断道路株式会社（道路公団と民間資本で作った

図4｜横浜博覧会住友館（神奈川県、1988年、設計：日建設計、写真：本木誠一）

第三セクター）からはこの塔をニューヨークの「自由の女神」のようなシンボリックなものにしたいと依頼されたのです。

これは興味深い依頼内容でした。というのもそれまで建築の設計依頼の中心にあるのは常に機能とコストと竣工の日時です。つまり金と時間と機能を守るのが設計者だと教えられてきたのです。ところが今度の依頼はその三つに確たる要求はありませんでした。そこで考えざるを得なかったわけです。建築とは何かと。私は何をデザインしたらいいのかということで悩みました。実際いくつ案を作ってもそれは自由の女神からは程遠いものになるわけです。それはそうでしょう。一九世紀末にアメリカの独立一〇〇周年を祝ってフランスがプレゼントしたモニュメントに相当するようなものを現代においてこの東京湾のど真ん中に想定できるかといえば、それになぞ

図5｜風の塔（東京都、1997年、設計：日建設計、写真：JIN HOSOYA）

らえるような「お話」がないわけです。「お話」がない以上シンボリックなデザインが生まれるわけがないのです。ではお話がない時にいったいモニュメント（のようなもの）は不可能なのだろうか？はたと困りました。たとえばその頃パブリックアートが流行っており、高層ビルの足元には常に一流彫刻家のパブリックアートが置かれ始めていました。それも高さ一〇メートルなんていうものもあったように思います。それではそういうアートに何か素敵なお話があるかというとそんなお話があるものは少なく、多くはアートとして自立したものだったと思います。ということはこの換気塔もそういう考えに沿って、一つのオブジェとして自立したものでいいのではないか？お話はないけれど東京湾にやってくる世界の船に東京のオブジェとして見られればそれでいいのだろうと思うようになり、その旨先方に伝えました。それは理解してもらえました。さてしかし、それでは自立したオブジェを作るコンセプトは何か？折しもこのとき、当時流行りの景観委員会という我々のデザインを審査する委員会ができました。委員長は当時東京藝術大学学長の日本画家、平山郁夫氏でした。平山さんはこの換気塔モニュメントにこういう注文をつけたのです。「それは船の航行の安全を図るために可能な限り高く大きなものにしてください、そして視認性をあげてください」。この場所は船の航路であると同時に羽田空港に進入する飛行機の空路でもあり航空法で建てられる構造物高さは九〇メートル以下と決められていました。ということでこの塔は九〇メートルにすることが最初に決まりました。

次にこの塔は何故か二本建っています。その理由は当時道路公団にいらっしゃった技術者の方から頂いたヒントによって生まれたものでした。その方が風の力を使うとより効果的に排気できるのではないか？というのです。そこで風のことを色々調べていくうちにこの海上には北北西の卓越風（年間を通して多く吹く風）があること、その卓越風を利用してベルヌーイの定理（流体のエネルギー保存則）を使えば、気圧の低い場所が生まれてその負圧を使って地下の排気ガスを吸い出せるのではないかと考えたのです。つまり九〇メートルのタワーのコンセプトをお話に依存するのではなく、技術のみに訴えようと考えたのでした。なんだその昔やっていたことと変わらないではないかといわれるかもしれませんがそれは少し違います。その昔は技術的テーマを与えられてそれを遂行することのみを考えていたのです。ここでは建物のモニュメンタリティ、シンボル性、などを考えた上でそれを実現するためにテクノロジーを利用することを考えたのです。そのトータルな思考はかなりの進歩だと自分では思えたのでした。建築とは何かを考える入口あたりにはたどり着いたのです。

巨匠たちは何を手がかりにデザインしていたのか

巨匠たちがどんなデザインをしたかと聞かれると、パッと思いつくものです。ル・コルビュジエは「近代建築の五原則：ピロティ、屋上庭園、自由な平面、水平連続窓、自由なファサード」、ミース・ファン・デル・ローエは「ユニヴァーサル・スペース」、フランク・ロイド・ライトは「有機的建築」、ルイス・カーンは「サーブドスペース、サーバントスペース」などというふうに巨匠のコンセプトは一言で出てくるものです。建築家が信条としている考え方を私はその建築家の「理念」と呼んでいます。多くの場合この理念は恩師あるいは最初の事務所のボスから教えてもらうものです。また場合によっては小さい頃の経験や性格など自らに内在するものから発露する場合もあると思います。そしてその理念なしには建築は作れないだろうと思っています。そう言うと、そんなものなくても作っていますという建築家も現れるでしょう。でもそういう人でもなにか言葉にできない信条があるはずです。もちろん一つ二つ作るのに理念なんて面倒臭いものは不要でしょう。しかし建築家は一生の間にまあ数十から数百の建築を設計するでしょう。そうすると建築の設計をして建物ができてくるころにはもう次の建築を設計しているのが普通です。しかし建築が一つできた後には様々な反響があるし、自分の中にも多くの反省があるもので、それらを咀嚼するのに本当は時間がかかるものです。そして比較的うまく行った時は自信を持って次の仕事を進められるでしょうが、反省が多い場合の次は意気消沈していることもあるものです。そういう場合、一体自分は何を頼りに次の仕事ができるでしょうか？その時に自分が頼れる、すがれる心の支えが必要なのです。それが「理念」です。私の場合ここまで述べたように会社に入ってまだ見習いのうちはひたすら図面の描き方を覚え、作り方を教えてもらい、そしてなんとか建築が地上に建ち上がりました。そしていくつか設計していくうちにやっともう少し「建築の本質とは何か」、「何を自分の建築の哲学として作っていくべきか」を考えるような歳にもなってきたのです。そして会社にいても、独立しても、理念のようなものの必要性を感じるに至るのです。

もちろんそうした理念は生涯変わらないのかと言うとそんなこともありません。意識的に理念を変える建築家もいるでしょう。あるいはごく自然に変化する人もいるでしょう。たとえば私の恩師の一人篠原一男は、生涯で三回デザインの考え方を変えました。日本の伝統からスタートして、亀裂の空間、裸形の空間、カオスと変化していきました。一方安藤忠雄さんのように比較的一定の考えを貫いている建築家もいます。伊東豊雄さんは洞窟のような空間と軽い空間の往復運動しています。山本理顕さんは私と公の接点をデザインしています。私は五〇人くらいの若手からベテランの建築家に、その人の建築の基点となるようなものをインタビューしたことがあります。その一部は拙著『建築家の基点』（彰国社二〇二二年）にまとめました。その経験でいうとほとんどの建築家にはその人のデザインを支える「基点」

があり、それはその人のキャリアの初期に現れ、変化しながら、バージョンアップして現在に至るのです。一度考え抜いた一つの結論を超えるものは、そう簡単には思いつかないものです。しかしそこで実現化したことによってその考えの正当性、欠点を目の当たりにして、それへの改良、改善を行いたくなるのも事実。創作者というものは、そういう自分の歴史を形成したいという欲望があります。そう考えるとピカソや篠原一男やル・コルビュジエのように自らのスタイルをいとも簡単に変化させた創作者というのはすごいものだと思わざるをえません。

09

建築はどこに建つのか

Where do you build?

大学の卒業設計では敷地は自由に選べるし、用途も勝手に設定できましたが、建築はクライアントがいて、クライアントの持っている敷地に、クライアントの要求する用途の建物を作らなければなりません。こんな当たり前のことは社会に出てみないと身に染みて分からないものです。

クライアントも敷地も選べない

建築は受注業だから、クライアントが現れて注文を受けないことには仕事が生まれません。レストランみたいなものでお客さんが来ないと閑古鳥が鳴いています。たくさん頼まれると手に負えません。しかし頼まれたら断れないというのがこの世界の掟。昔、林昌二さんは「人にものを頼まれたら余程のことがない限り断ってはいけません。もし断ったら次はないと思いなさい」とおっしゃっていました。というわけで我々は仕事を選べないのです。ということは同時に、敷地も選べないのです。篠原一男は「建築は敷地からもクライアントからも自由である」ということを言いました。その意味は、クライアントも敷地も選べない建築家にとって、それらの条件によって作る建築の質が変わってはいけないということです。よく誤解されますが、建築家は敷地の環境を無視して、クライアントのいうことを聞かずに勝手にデザインせよと言っているのではありません。お金持ちのクライアントだからいい建築ができるとか、風光明媚な場所だから建築が良くなるという理屈は成立しないと言いたかったのです。お金がなくて、環境の悪いところでも美しい建築を作るのが建築家の使命であると言ったのです。

ところでクライアントは選べないと書きましたが正確に言えば選ぶことはできるわけです。仕事の依頼を断るのは建築家の自由です。実際そのようにして仕事を慎重に吟味して選ぶ有名建築家はいると聞きます。あるいは日建設計のように巨大事務所では小さな住宅を設計することは稀です。余程リピータークライアントの社長宅のように特殊な条件の場合を除いて設計しません。しかしそういう特殊な場合を除いて私たちの仕事は頼まれたら断らない。医者が患者を選り好みしないのと同じだろう（正確に同じではないのですが、そうありたい）と思っています。ですから我々は敷地を選べない。そして敷地は建築のとても大きな条件で、建築家の作るものを決定していく大きな要素になっているのです。

建築のグローカライゼーション

前世紀の終わり頃からグローバライゼーションという言葉が人口に膾炙し始めました。それは世界の二極構造（資本主義vs共産主義）が瓦解して資本主義ワールドが生まれ、経済だけではなく、文化的にも世界が一つになりつつあることを意味しました。私が二〇〇九年に初めて訪れたラテンアメリカ（アルゼンチン、ブエノスアイレス）は二〇世紀後半にアメリカの差し金で軍事政権が作られ反対派を収容するなどした悲惨な歴史があります。ほぼ全てのラテンアメリカの国はその悲劇を味わっています。そんなこともあってブエノスアイレスにはスターバックスは一つしかありませんでした。その後一〇年の間に何度かかの国を訪れる中で、あっという間にいたるところにスタバができたのには驚きました。こうして世界はどんどん一つになってしまうのだなとがっかりしています。

もちろん世界が一つとなる流れは、国内も一つという流れを生みます。数年前に大阪駅が新しくなりそれに伴い大きな商業施設が出来て、オープン直後に訪れた時に何やら既視感を感じました。それは古巣日建設計の設計で建築に対する既視感なのだろうかと考えてみましたが、建築には既視感はなかったのです。では何なのだろうかと自分の感覚を見極めているうちにわかったのは、入っているテナントでした。東京のこの手の商業施設と何も変わらない同じテナントばかりだったのです。つまり経済的に安定しているチェーン展開できるテナントが日本全国どこでも出店するという構図なわけです。これは経済的に安定して世界展開しているスタバがどこにでも出店するのと同じことなのです。

さてテナントのグローバリゼーションに対して、建築は一体どうなのかというと、建築デザインが世界統一基準みたいなものの下に国際的様式を標榜したのは一世紀前のことでした。ル・コルビュジエやワルター・グロピウスというような世界的建築家はそうした考えを持っていました。しかしそうした考えは、建築は風土に根ざした地方色を持ったものであるべきだという考えによって否定されました。ところが話はそう単純なものでもなかったのです。というのも国際性を否定して地方性を優先してその地方に特有の建築形態をコピペするような建築が多発し始めたのです。地方の特色を商業的に利用して看板のようにその形態や素材や色を貼り付ける建築が多発しました。日本で言えば幹線道路沿いに作られたドライブインレストランがその場所の民家の拡大コピーのように作られたのがいい例です。それらは創造的ではなく、地方性を尊重したのではなく、地方の表層のコピーでした。そんな時に出てきた考え方は、国際性と地方性を合わせて昇華させようというものです。それを建築界ではクリティカル・リージョナリズム（批判的地域主義）と呼び、世の中一般ではグローカライゼーションなどと呼ばれることになったわけです。建築家は現在ほぼそのような考え方を尊重してデザインしているのだろうと思います。

都市か田舎か

私が日建設計時代に東京以外で設計したのは長野市と博多市です。この二つは東京以外といっても地方都市の中心部でした。しかし長野の建物は建物から周辺の山並みが美しく見える場所でした。この風景を建物内に取り込みたいという思いでガラス張りのオフィス空間を作りました。一方博多のビルはホテルや商業施設と一緒に作られた再開発で、周りはほぼ東京と同じような密度感のある街区。窓は横連窓で、一方形態に曲面を用いて敷地内街路に人を誘導するデザインを施しました。とても都市的な操作だったと思います。

この二つとは異なり東京周辺ですが都市の真ん中ではない場所に設計した構造物がありました。それは既述の東京湾アクアライン〈風の塔〉という海の真ん中の塔です。場所は海の上ですが川崎市の管轄地域でした。さてこれは地方性があるのだろうか？あるいは都市性があるのだろうか？と自問するに、どうもどちらもあるとは思えません。あえて言うなら、海上交通の激しいこの場所で船がぶつからないように視認性の高い塔を作ったので、その意味ではその環境条件に適合しているとは言えるかもしれません。

さて日建設計を辞めた後に私が設計した建物のほとんどは東京でしたが、ある時から甲府が加わり、そしてその後現在まで山梨県の富士吉田市に深く関わることになりました。先に書いた通り、設計者はクライアントを選べません。だから人生どうなるのかわからないのが建築家です。甲府の児童養護施設協会の元会長さんと知り合わなければ、この手の施設を地方都市で連続的に設計することはきっとなかったでしょうし、富士吉田の空き工場をリノベするコンペに研究室で取り組んで勝たなければ、富士吉田での一連の設計は生まれなかったのです。つまり建築とはそういう偶然で作る場所が決まっていくものなのです。さらに地方で設計していく中で、たとえば甲府では葡萄色の屋根を作ったり、竜王では今時瓦屋根の中廊下型の住宅を設計したり、富士吉田では富士山を囲むような円形の道の駅を設計したり、その場所場所に残っているヒントをきっかけに建物が生まれていくという経験をしました。これは東京の都心にいるとあまり発生しないことだろうと思うのです。なぜかこういうヒントは田舎の方が色々と転がっているものだなあと設計をしながら思います。その理由はおそらく都市部で今まで多くの建物の建設によって、残っていたかもしれないヒントがだいぶ無くなってしまったからではないのかなと思うのです。

しかし、だから田舎の建築の方が楽しいし、やりがいがあるということでもありません。どちらにもやることは沢山あります。しかし田舎の建築には周りのヒントが役に立つし、場所によって建築は変わるし、それを受け入れて作るのが建築だと思います。

日本人が作る外国の建築、外国人が作る日本の建築

建築の地方性の話は、拡大すれば日本人が世界で作る場合どうしたらいいのかという問いにつながります。国外の敷地に日本人建築家が建物を設計するときに一体どうするのでしょうか？日本国内でも都市と田舎ではだいぶ違いますが、違う国となるとさらにその差は大きなものとなるはずです。

古い話ですが私が学生の頃、磯崎新アトリエでバイトしている時の仕事は〈ロサンゼルス現代美術館〉でした。後にアメリカに立ち寄って実物を訪れたとき、ああ計画通りできているなあと感慨深いものでした。その建物は磯崎さんが精一杯ロサンゼル的に作った建物だと感じましたが、当然ですが、そのデザインボキャブラリーや素材の選択は、磯崎さんが日本で検証してきたものであろうとも思いました。

外壁は福岡の銀行で使ったインド砂岩、全体の形を支配しているピラミッド型のトップライトに見られるプライマリーな幾何学の使い方は岡山の美術館などで使っていた手法でした。つまり日本と国外の差を中心的なテーマとして設計している訳ではないのです。あくまで手持ちの駒から使えそうなものをアレンジしながら置いているのです。さてそんな他の例を見てみましょう。

二〇一九年にチリ、サンチアゴの名門カトリカ大学に学生を連れてワークショップに行った時、海沿いの別荘地を案内されました。アレハンドロ・アラベナやマックス・ニュネツなどチリの有名建築家とともに世界中の有名建築家による別荘が並んでいました。太平洋の荒波が打ち寄せる高さ二〇メートルくらいの岸壁の上に立っている建物群は壮観でした。その一つに西沢立衛さんの設計した波のような〈豊島美術館〉のような別荘が建っていました。それは本当に岸壁の先の方で実に見事な建ちっぷりでした（こんな言葉はないでしょうが）。彼の波のデザインが太平洋の波とシンクロしているようにさえ見えたのです。しかし一方でこのデザインは西沢さんの十八番のようなデザインで、敷地を見たときに、彼のデザインの引き出しの中からこれが選ばれてあてがわれたという風にも見えました。

もう一つだけ別の例をあげるなら、坂本一成先生が中国で設計している一連の建物は、やはり坂本先生の思想の引き出しから適用可能なルールを出してきて様々なプロジェクトにあてがっていると思います。

さて一方国外の建築家が日本で設計している例を見てみましょう。例えば最近大手町にできた〈大手町ワン〉。上層にフォーシーズンズホテルが載っかっているビルですが、この外装デザインはＳＯＭです。さてどこにＳＯＭの特徴があるかといえば、言われないとわかりません。もっと言えば周囲の高層ビル群に馴染んでさえいます。シーザー・ペリやＫＰＦなど超高層のデザイナーたちは世界中で同じようなデザインをしていますし、いや超高層ビルに関して言えば未だに世界統一基準でデザインされているようなところがあります。一方地方都市に作った外国人建築家の建物として、たとえば〈熊本県立美術館分館〉があります。この建物は私のＵＣＬＡ時代の先生だったスペインのエリアス・トーレスの設計です。これは熊本城に敬意を表して外装を石垣のようなウロコ状の金属葺きにしています。エリアスの自己表現の手持ちの駒から何かをあてがったという風には見えません。あるいはトム・ヘネガンが設計した熊本阿蘇にある〈草地畜産研究所畜舎〉は建築学会賞まで受賞した建物ですが、その建物は木造で機能的で阿蘇の風景に溶け込んでいます。これも彼の自己表現の一手を採用しているようには見えません。どちらもその場所に転がるヒントをきっかけに建物を作っているように見えます。

さて地方のヒントをきっかけとするか、手持ちの駒をアレンジするのかに正解はありません。しかしいずれにしても、建築を作る場所の特性は建築家の思考の中では重大事であろうと思います。特に昨今の思潮においてそれは無視できない大きな要素なのです。

10

建築は誰のために作るのか

Who are you building for?

こんなことをつい最近まで考えたことはありませんでした。実際の設計では自動的に「誰か」を頭に描きながら設計していたのでしょうけれど。

建築の設計をしているとたまに分からなくなります。私は誰のために設計しているのかと。時に勘違いして自分のためかと思います。あるいは社会のためだと正義の味方を気取って、クライアントから叱責されたこともあります。

クライアントのためか社会のためか

日建設計に入った最初の頃の新入社員ミーティングで「君たちは男芸者だ」と今聞けばちょっと危なっかしい訓示をいただきました。主旨はクライアントの背中がかゆければ掻いてあげられるように相手の気持ちになれということだったと思います。つまり建築はクライアントのために作るのだということを叩き込まれたわけです。当時同期入社した、今をときめく日建のスターたちは当然建築とは自己の思想を表現するものと思っていたのではないかと思います。少なくとも私はそんな意識が強かった。それがこの話を聞かされて、なんだか建築家ってそんなもんかとがっかりしたのを思い出します。さてその後一二年日建で働き、私はクライアントのためだけに建築を作っていたのかというとそうでもないのです。では誰のためだったのでしょうか?

私は日建を辞めた後に林昌二に「日建で何を学んだか」と聞かれて口をついたのは「建築家としての倫理観」という言葉でした。これはカッコつけて言ったわけではないのです。本音でそういう気持ちが湧いてきたのでした。

この倫理観を教えてくれたのは林昌二でした。様々な状況において口頭で言われたと思います。一つ、設計事務所の掟の最も重要なことは中立性。もちろんクライアントの味方ではあるが、施工者の言い分も聞きそして公正中立な判断を下すこと。二つ、仕事関係者のすべての人に礼節を持って接すること。三つ、図面はすべて社内で描くこと、決してサービスで描いてもらってはいけない。四つ、クライアントの言っていることが間違っていれば丁寧に説明して理解してもらうこと。五つ、建築は設計者の責によって作られるものであること。

さてこれは数十年前に私が習ったことですがここからは今思う建築家の倫理観について説明します。建築家とは直接的にはクライントに依頼されて仕事をします。しかし我々の仕事は作るものが公的な所有物である場合、クライアントの依頼で作りますが社会のものでもあります。また私的な所有物であってもそれはまちを作る一つのエレメントであり、その意味で十分社会的なものとなります。よって私たちはクライアントの利益を守ると同時に、社会の環境向上に努めなければならないのです。この二つが共鳴する場合仕事は問題なく進むわけですが、相容れず、利益相反する場合建築家はどうしたらいいのでしょうか?これは実に難しい問題だと思います。私が入社して最初に担当した仕事は村野藤吾の若き日の（渡辺節事務所時代の）担当作品、〈日比谷ダイビル〉の改築でした。クライアントのダイビルとしては、総合設計を使って現状より容積割増をした新しいビルを作ることで利益をあげたいとの希望を持っていました。その希望を叶えるのが建築家の役目です。しかし一方でこの建物は村野藤吾の有名な建物でビルのいたるところに動物面、鬼面が貼り付けてある文化財クラスの建物で（当時はそうではなかったのが不思議です）様々な団体から改築反対の狼煙が上がっていました。

ここで私たちは二つの答えの出ない要求に引き裂かれることになりました。クライアントにも社会的要求を伝えながら、着地点を見つけるために悶々としました。その結果多くの動物や鬼の面、アーチや古い照明器具などを新しい建物に埋め込むという方法をとることとしました。もちろん文化財的に見れば保存することが何よりも正解です。一方、資本主義の中での上場企業としては株主の利益を優先するために、不必要なコストを建て替えにかけることは許されません。しかし、その両方の要望の中での妥協点を見つけるのが建築家の倫理観なのです。ここで倫理と道徳は違う意味で使っています。道徳は正しいあり方です。一方倫理はそれが現実的に可能な限りにおいての正しさです。ですからここでは倫理は我々が悩んだ末に出した解答のことです。もちろんこの答えに批判は多くあるでしょうし、それも甘んじて受けざるを得ないと思います。でもそこで双方の考えを無視してもそれは答えとならないし、どちらかだけを優先してもやはり答えにはならないのだと思います。なんとかそれを撚り合わせることが倫理です。その撚り合わせを私はこの会社で真摯に行うように教えられたと思います。そしてそれが建築的に冴えたカッコイイ答えになったかと問われると自信はありません。ただし自分なりにとにかく考え抜くという習慣はつくようになったと思います。だから林さんに問われた時に「倫理観」と口をついたのだと思います。

では建築家はクライアントと社会を調停する役で終わりなのでしょうか？これもそうだと即答できません。入社してすぐにＳＤレビューに入選した時にはクライアントと社会の他に自分というもの、自己の主体というようなものも必要だと感じていたのでした。しかしＳＤレビューに出した頃を最後に主体のことは横において、その後はこの倫理観（クライアントと社会の調停）に則り仕事をしていたのでした。

建築は倫理を超えたところにあるはずである

日建設計が社会から期待されているものは大きく、同様にクライアントからの期待やリクエストも膨大です。それらを咀嚼して前述のようにある倫理を導くのが仕事でしたから、そこに私の主体的表現を込めていくのは余程大変なことでした。いやむしろ会社としては建築家の主体性は期待していなかったのかもしれません。林昌二は入社二年目にして〈総評会館〉の設計を進めるにあたり、建築家の非作家性の宣言というものをしていたようです。一九五五年のことです。半世紀以上前のことですから私の入社当時とは少し事情は違いますが、その後も林は社会が建築を作るというようなことも言い、建築家の主体性が建築を作るというようなことは公には言ったことはないように記憶します。なので、私も日建時代に君は何をやりたいのだ?というようなことを聞かれた記憶はないのです。そうではなくこの状況に何が適しているかを問われていたと思います。建築家の主体など必要ないと……。

しかし会社を辞めて冷静に考えてみれば、建築とはやはり一つの表現行為であり、創造行為であり、そのみなぎる、ほとばしる、人間の活力が滲み出ない建築は人々に幸せを与えないと思い直すのでした。それはつまり建築がクライアントへの道徳と、社会への道徳を調停する倫理で終わるのではなく、その倫理と建築家の主体が対峙してその倫理を乗り越えていくことこそが創造だと思うようになりました。その頃私は私の学兄であり東大の美学科で教鞭をとる小田部胤久氏の著書『スタイルの詩学』（ナカニシヤ出版、二〇〇〇年）［註1］を読みました。そこにはこんなことが書いてありました。曰く表現行為というものは原理上、自らのハビトゥス（習慣）を変革しうる表現者が、固有の個人様式を作り、その新様式はその表現者固有のものであると同時に規範性も持ちうると。つまり創造にはまず主体による変革の精神が必要で、それが社会の習慣を超えて規範性と固有性を持つ時に創造行為として完成するということだと思います。

そこで私も考え方を変えて単に倫理を追求することだけではなく、そこに主体との葛藤が加わり、初めて建築として出来上がるのだと思うようになったわけです。その意味では建築とはクライアントと社会と自分のためにあるということになるのだと思っています。

建築の地球環境性、公共性、人間性

建築は社会の道徳を反映させなければならないと前々項で指摘しました。では社会の道徳にはどういうものがあるのでしょうか?社会を少し広い意味で考えてみると、建築は地面の上に建っています。ですから建築を作るとそれは地面に、つまり地球環境に影響を与えます。ですから「地球」に対する道徳というものがあるでしょう。さらに建築と社会との関わりを示す概念として「公共性」をあげることができると思います。最後に社会を構成する「人間」それ自体に対する道徳があるでしょう。そこでまず「地球」についてお話し、次に「公共性」、最後に「人間性」についてお話ししたいと思います。

地球環境に対する道徳を考える分かりやすい指標は、カーボンニュートラルであろうかと思います。建築を作るのに多くのCO_2を排出します。そのCO_2をどれだけ減らせるか、それは今後の地球環境に大きく影響します。また敷地自体に目を向けるならば、その環境をどれだけ荒らさずに現状を維持できるかも問われます。カーボンニュートラルについては、たとえばコンクリートの素材であるセメント生成によって排出されるCO_2量だけで、社会全体のCO_2排出量の約一割近くもあります。建設業全体では推して知るべしです。ですから我々はカーボンニュートラルな素材や施工方法を選んでいく必要があります。たとえばそういう場合によく言われるのは木材を使用した建物はCO_2を排出しないと言われますが、木材を切った時点ではCO_2を吸収する能力が低減しているので切った分植えて初めてカーボンニュートラルに向けた設計と言えるのです。また建物を作ると土を掘り地球環境を荒らします。ですから建物を持ち上げて基礎をなるべく小さくして、地球を荒らさないというような方法も、地球に対する一つの作法として考えられることです。しかし環境への配慮は何かをすれば何かが悪くなるという場合が多く、物事を多角的に見ることが何より重要です。

次に建築の公共性です。この概念には色々な定義がありますが、ある人は次の三つの要件があると言っています。一つ目は誰もがアクセス可能であること。二つ目はその場所で互いに互いを排除しないこと。三つ目は同質性を要求しないこと。これを建築的に言い換えるとアクセスがしやすく、その場所ではそれぞれの心持ちで自由にいられるということだろうと思います。建築は公共建築であろうと、私有の建築であろうと所有者がいます。ですから建物に入り込んで勝手に立ち振る舞うことはできません。しかし公共建築ではいうまでもなく、私有の建築でもある程度そこを使う人、訪れる人に対して気持ちを拘束することなくいられるように設えることが望まれるのではないでしょうか。

最後に人間性です。人間への道徳というのは実に幅が広い話です。昨今のトピックに引き寄せて語るなら、例えばＬＧＢＴＱというような問題に対して建築に関わることがあるのか？些細なことかもしれませんが、トイレのサイン表示をどうしたら良いかというのは一つの懸案です。またユニバーサルデザインもよく言われることですが、老若男女、健常者も障害者も誰もが公平に建物を使用できるように作ることが人々への道徳であろうかと思います。

11

知らぬ間に参照してしまう建築

Architecture you unconsciously refer to

建築の勉強はものづくりを覚えることに始まりその理念を考え、作る場所を見つめ、そして倫理観を磨くことで時間をかけて醸造されていくものです。しかしどんな表現者にも先達の文章、絵画、空間などが心の中に蓄積され、自らの創造の端々に顔を出すことはあるものです。それは創造活動の自然な成り行きです。そんな建築家の作品をいくつかポケットにしまっておくのは大事なことだと思います。

ゲーリー自邸

最初は好きな建築と書こうと思ったのですが、どうもこの歳になるとどういうことが好きということでどういうことが嫌いということなのかがよくわからなくなります。しかし設計しスケッチしたものの中に何かにおう他の建築の残り香のようなものを自分で感じてしまう建築があります。それがどうしてそうなのか、自分でもよくわからないのですが仕方ありません。そこでそんな建築はきっと私の奥深くに沈殿している何かなのでしょうからそれを振り返ってみたいと思います。

その最初に来るのはフランク・O・ゲーリーの自邸です（図6）。私はチャールズ・ムーアに連れられてこの建物を訪問したことがあります。そして既述

図6｜ゲーリー自邸（ロサンゼルス、1978年、設計：フランク・O・ゲーリー）

の通りこの建物は日本での雑誌で見ていた時の衝撃のようなものはあまりなく、ロサンゼルスバナキュラーとして周りに馴染んでいたと記憶します。素材の地域性に対して、形がデコンストラクション展覧会でマーク・ウィグリーが説明していたように、崩れた平行四辺形などで構成されていてかなりエキセントリックなものでした。しかしそれがそれほど気にならないのはやはりロサンゼルという地域のカジュアルな空気のせいなのだろうと思いました。〈ゲーリー自邸〉はもちろん私の一つのデザインの参照項なのでしょうが、ゲーリーのこの頃の他の建築は皆好きです。ビーチハウス、図書館、大学、美術館どれも私にはゲーリースピリッツの現れと見えます。八〇年代にポストモダニズムがアメリカを席巻していた時にビジュアルにこれだけ異なる、そしてオリジナルなことをやっていた建築家は世界を見渡してもいなかったと思うのです。それだけに私にとっては衝撃的な建築です。

上原通りの住宅

篠原一男は自分が設計した住宅を滅多に学生には見せませんでした。私は幸い六〜七個の住宅を見せていただきましたが、それは海外から見学に来られた方がいた時に相乗りさせてもらったからでした。〈上原通りの住宅〉もそんな機会があり二度見させてもらいました。この家はしかし私の学生時代のバイト先のすぐそばで、またその後の私の〈ヤマ〉という建物へ行く途中であり、外観は一〇〇回以上は見ていると思います。篠原一男が第三の様式に突入した頃の住宅です。駐車場のキャンチレバーを作るために頬杖と柱を合体した大小の構造体を平面的に三列並べたもので、それがファサードを規定して、そして内部空間にも現れるところが特徴です。写真家大辻清司さんの自邸で一階は駐車場以外に写真スタジオが独立してあります。ですから一階駐車場脇の階段を上ったところが玄関になっています。また外観の特徴はいうまでもなく先ほどの構造体に加えてその上の三階部分に載っている二つの円い窓が目のようにくっついたハーフシリンダーです。下部のコンクリートに対して鉄骨で形も四角に対して円弧と全く対照的な物体を上に並置させた無文脈性に驚きます。

さて私がこの建物を参照するのはそうした形の不思議や文脈のカオスといったものではないのです。私が最初に衝撃を受けたのはこの建物の部屋内にある斜めの頬杖のような柱です。私はこの柱が素朴に頭をぶつけそうな物体だと感じたのです。そしてそのことを先生に聞いたのです。そうすると先生が言った言葉は、人は建築に慣れるものでここに頭をぶつけることはないよという説明でした。この言葉が尾を引きます。人が建築に慣れるのであれば、いつしか建築は人にとって、ただの空気になるのだろうかと思ったのです。なんかそれはとても残念だなと思ったのです。ずっと新鮮な感動を与えてくれる建築はないものかとこの時から考えるようになったのです。そしてそれが私の窓論とか流れと淀みという今のコンセプトにつながってくるのです。その意味でこの建築は最初に見てから四〇年近くずっと私の建築思考の参照項になっているのです。

中野本町の家

大学三年生の時の製図の非常勤講師である伊東豊雄さんには何度か建物を見せていただく機会がありました。〈中野本町の家〉は高校時代に雑誌『都市住宅』で遭遇して当時これが建築であるということ、まして住宅であるということが信じられなかったのを思い出します。その建物にやっと面会することができた時は感動しました。

この建物の特徴は真ん中に中庭があるにも関わらずその中庭を楽しむようにはできていない点です。つまり中庭のある住宅なのではなく、チューブ状の空間をぐるりとドーナツのようにしたら真ん中に余ったスペースができたのに過ぎないのです。あくまでこれはドーナツなのだということがわかってきたのはだいぶ後のことでした。しかしこのチューブ空間は私の中でもよく現れてきます。なぜなのかよくわかりませんが、私の中でずっと関心ごとである「流れ」を最も感じる空間の形式だからなのだろうと思うのです。

そして伊東さんにとってもこのチューブ空間はおそらく原点のようなものであってこの住宅を設計後伊東さんは軽やかな建築（たとえば〈シルバーハット〉）とこのチューブ空間（伊東さんは自らのこのチューブを胎内回帰と呼んでいますが）を往来するのです。そして〈台中国家歌劇院〉でこのチューブ空間に回帰します。そしてその回帰を自ら快いものとして肯定的に語っています。つまり伊東さんの原点的空間と言えるのだと思います。

代田の町家

おそらく一人の建築家の建物で一番多く見ているのが、坂本一成さんの住宅です。そしてその中でもこの〈代田の町家〉は三回見せていただきました。坂本建築の中では好きな住宅です。坂本建築において精緻に作られているのは、もののサイズとプロポーションです。そしてそのサイズの操作は大きく作るところと洋服であろうかと思うほど皮膚にまとわりつくような小さなサイズで作るところとのコントラストにあると思います。この体にまとわりつくような感覚を私は建築の身体性と呼ぶのだろうと思っています。坂本先生はおそらく少し違うコンセプトと意味内容でこのスケール操作をしているのかもしれませんが、私がこのサイズから受け取るのはキネステーゼと呼ばれるような皮膚と被服の間に発生する被服のまとわりつく感覚のことです。坂本建築の中でこのキネステーゼが最も表出されているのがこの建物と〈水無瀬の町家〉です。その意味で私は水無瀬と代田の二つの住宅に身体的に共感するのです。

さらに〈代田の町家〉に見られる特徴は間室と呼ばれる廊下にしては大きく、幅広で、部屋と呼ぶには小さな玄関を入ってすぐに現れる空間です。この間室とは一体何なのでしょうか？理解しづらいこの何も目的のないような空間に惹かれます。何も目的がないということは何をしてもいい場所でもあるわけです。機能的なものの解釈から解放された自由度を感じる場所として私の心に深く沈殿しています。キネステーゼとこの無目的性という二つが、私にとっては代田が教えてくれた参照項として後々の自分の設計の中に現れています。

12

どれだけ学べばいいのか

How far should you learn?

働き続けて一二年、私は会社を辞める日を迎えます。しかし迎えるまでの一つの大きな葛藤として何年勉強すれば独立するだけの力がつくのだろうかと悩むものです。

三年卒業説

青木淳さんの事務所では三年いたら卒業（退社）するそうです。逆にいうと三年働いたら独立してやっていく能力を身につけられると青木さんが思っているのかもしれません。あるいは三年以上いるとフレッシュさがなくなるので若い人と代わってくださいという意味なのかもしれません。しかし青木事務所を卒業した人たちは皆立派に独立して働いているので三年で学び終えるということが証明されているとも言えそうです。いやいや、青木事務所に入所できる人はそもそも優秀だからこれを平均値として考えるのはおかしい、と言う人もいるかもしれません。

しかし問題は何年いるかと言うことよりも、どんな仕事をどのようにやったかということが問題です。つまり学ぶべきは建築設計の一連の流れを最初から最後まで実体験できたか？そこに主体的に取り組めたかどうかが問われるのだと思います。そう考えると、普通一つのプロジェクトが始まって竣工するまでにおそらく三年というのは過不足ない期間であり、それをきちんと経験できれば、それで独立可能状態になると見るのは適正な判断といえると思います。ただし、入所して最初に与えられる仕事が常にプロジェクトの始まりとは限りません。たとえば西澤徹夫くんは〈青森県立美術館〉のコンペが終わった時に入所して、その基本設計の途中から担当して実施設計を行い、現場監理を終えて退所したそうです。だからほぼ全工程を経験しましたが、残念ながら最初のコンペ案作りは経験していなかったそうです。

アトリエは、普通あまり巨大な仕事はしていません、西澤くんの美術館経験はどちらかというと異例です。普通は住宅とか小さな仕事を任されて一年半くらいで基本設計、実施設計、確認申請、現場を終わらせるものでしょう。多分最初の仕事は、先輩の下で見習い的に行い、二つ目からは「さあ任せたよ」となります。ですから二つで三年くらいかかり、確かに三年経てば一人前ということは可能です。

日建設計では、今はどうか知りませんが、二八歳になったら給料が一気に上がりました。それはそこで一人前になったとみなされるからです。二八というのは学部卒なら入社七年目くらい、院卒なら五年目くらいです。そこで君も一人前になったから一つプロジェクトを一人でやってごらんと言われるのです。そして一人でできるようになるから（それまでは先輩のお手伝いだったから人件費が二人分かかっていたのが半分になるので）給料を上げてやってもよかろうということになるのです。しかしどうでしょう、おそらく今では建物の巨大化複雑化などから一人前になってプロジェクトを任せたよ、という年齢は上がっているようにも思います。

大学で建築家の先生の研究室に所属して、先生の設計の手伝いなどしてやめて独立するという人もいます。そういう人はたいてい博士課程に在籍していたりします。博士課程というのは普通三年。三年で取れないと二年延長したりします。そうすると三年から五年いて、しょうがなく独立することになります。この場合も三年から五年が学びの期間と言えます。

このように見ると総じて三年から五年というのが建築設計の実務を学ぶ適正な期間と言えるのかもしれません。

二回修羅場説

数十年前ですが、私の親友が浜野商品研究所という有名なプロデュース事務所を辞めるときにこう言っていました。「この会社で修羅場を二回くぐれば辞めていいよと上司に言われ、二回経験したので、辞めることにした」と。私はその当時まだ日建設計に勤めており、では私も二回修羅場をくぐることを辞める条件にしようと思ったのです。しかしその修羅場とはどういう意味なのか具体的に何なのかと聞くと「仕事が問題にぶつかり、その解決法がわからず、それを聞ける人は周りにいなくて、だけどそれを推し進めなければならなくて、それが失敗すれば全ての責任が自分に降りかかってくるような状態」というようなことを言っていました。なるほどそれは結構大変なことです。

しかしそういうことが私にも起こりました。それは臨海副都心が未だまっさらな埋立地で事業者コンペになり、私もその一つの担当となり、海外の設計者とゼネコンの設計部と共同設計をすることになった時でした。コンペ案を主導したのはボストンのＢＴＡという商業施設を得意とする事務所で、彼らの案とクライアントと施設運営者をつなぐ役割を私とゼネコン設計部で行なっていました。そして最終案を確認するためにクライアント、エンドユーザーを連れてボストンに行ったら、エンドユーザーは案を否定して、こんな案なら下りると言い始めたのです。これにクライアントは困り果てた末にその責任は私にあると言い始めたわけです。これには参りました。四面楚歌状態となり、日本の上司に電話をすると、ことをまとめて帰ってこいとこちらもそっけないのでした。コンペの締め切りは迫るし、案はまとまらないし、クライアントもＢＴＡも怒っているし、まあほとほと困りましたが、その案をまとめるべく、皆帰国した後ＢＴＡに残り徹夜で案作りをして帰国し成田からエンドユーザーのところに直行しました。新案を説明してなんとか了解されました。こう書くとさらっとしたものですが、涙なしには語れない、私としては会社に入って最初の、自分では何もコントロールできない状態でした。冷静に何をすればいいのかを考えて行動してやっとその場を潜り抜けられました。それ以降もはやこれ以上のことは起こるまいと思っています。そして実際起きていません。

こんなことがあってまあ何があってももう驚かないし、さあこれでいつでも辞めようという気になりました。修羅場二回が友人のアドバイスでしたが、一回で十分だと思っています。

さて先に書きましたが、どうも五年くらい学べば、そして修羅場をくぐれば、だいたい会社を辞める体力はつきそうです。しかし私はどういうわけか日建設計に一〇年以上いました。理由はいろいろあります。居心地が良くなったり、給料が良かったり、やれる仕事の幅が増えたりなどなどです。しかし入社した時からいつか辞めることは既定路線でしたから、会社にそして自分にも説明できる理由が欲しかったのです。そしてその頃体調を壊したのが引き金になり、辞表を提出しました。

13

会社を辞める

Leaving office

会社を辞めるということは自由を獲得する一方で全ての責任を背負い、自律するということです。そして建築家になるという私なりの決意表明でもありました。

記念すべき日

一九九八年三月三一日私は配偶者と娘と住友三角ビルの上の方のステーキ屋さんでランチをしながら霞のかかった東京の風景を見ていました。私の一二年間にわたる日建での仕事を配偶者が慰労してくれる会だったのです。この晴れがましい日を思い出すと正直言えば胃の痛い思いがします。その時の風景同様、私の前途は霞がかかって一体これから何が始まるのだろうかという不安が立ち込めていました。自ら望んで会社を辞めたし、誰がそれを強制したわけでもないわけで、そのことで自分が苦しむなら一体何をしているのだ?という気持ちも少しはあったのかもしれません。

私が会社を辞めた一九九八年は実質GDP成長率がマイナスに転じた年です。おそらくバブル経済崩壊後リーマンショックまでの間で最悪の状況だったようです。会社を辞めようと思うと親に言った時、珍しく父親は大反対しました。いつもは全く子供に関心がない父親が便箋四枚の手紙を送ってよこし、今後の日本の経済状態を予測し、翻意を促しました。しかしこれにめげることはなかったし、ある人は辞めるなら経済状況が最悪の時が一番いいよと(後は良くなるばかりだから)言ってくれたりしたので気持ちを強く持ちました。加えて配偶者の父親は独立した会計事務所を経営しており(つまり税務署員から独立して自分の事務所を開設した経験があり)私の背中を押してくれたのでした。

一二年間の日建設計での経験が、この後役に立つのかどうかもよくわかっていませんでした。明日からの仕事のあてもなく、大学の先生になる計画もなく(今やっているのは偶然です)、とにかく先ず辞めようという辞め方をしたのでした。ですから、晴れの日を迎えたものの、心中穏やかではなく、先は霞という状態だったのです。大きな会社をこういう当てもなく辞める人は少ないと思います。日建の先輩でも後に大学の先生になった人たちの九割、いや私以外は全て、仕事が先に決まってから辞めていたと思います。あるいは独立して事務所を開く人も大概は仕事の当てがあってから辞めた方が大半ではないでしょうか。

辞めるということ

いつか会社を辞めるのは、会社に入る時から決めていたことでした。建築家とは独立して行う職業であると思っていたからです。冒頭で書いたように、人生一〇〇年時代の生き方はマルチステージだからなんて思ったからではありません。それはおそらく大学の自分の先生が独立した建築家だったからというのが分かりやすい理由だろうと思います。じゃあなぜ会社に入ったかといえば、基本的技術を身につけたかったからでした。そこも悩むことではありませんでした。私の周りにも組織事務所、ゼネコン設計部で学んだ後に辞めて独立した人は多くいました。辞めて独立するというのはちょっと冒険のようにも見えますが、二〇年前の私が辞めた頃より、現在の方がより社会の趨勢に適応した生き方だろうと思います。それは冒頭記したようなマルチステージの生き方が主流になってきたし、これからますますそうなるだろうからです。

また少し我々の厳しい働き方も考えてみる必要があります。昨今働き方改革というようなことが言われ、そしてブラック企業を撲滅すべく社会はブラックを批判し、若い人もブラック企業には行かないと言っています。しかし建築の設計は時間がかかるのです。しかもいいものを作ろうと思えばそれなりに試行錯誤の連続となるのです。だから九時五時仕事では終わらないのです。ゴールのないマラソンを走るようなものだからです。そうなるとこんな大変なことを一体誰のためにやるのでしょうか？考えられるのは四つです。クライアントか、上司か、社会か、自分です。あなたが心から前二者のためにやりたいと思える環境にいるとすれば幸運です。しかし前二者は、もし会社にいたらあなたが選べる対象ではないのです。だからいつかそこに満足できない局面がいろいろと現れるでしょう。あるいは最初から不幸にして二者に恵まれないこともあるでしょう。だからその不幸を回避するには、社会のためにやるか、自分のためにやることを覚悟する必要があるのです。自分のためというと利己的という誹りを受けそうですが、既に述べているように建築はクライアントと社会を調停した上で作者らしさを出すことで、成立するものなのです。それが建築設計の究極の姿という気がします。

退職への引き金

さて話をもとに戻し、もう少し辞めた頃の心境を書いてみます。会社で終身雇用されようと考えてはいませんでしたが、しかし一〇年くらいいると自分の仕事の裁量も増えて、なんとなく居心地が良くなるものです。そんなわけでなかなか踏ん切りがつかなくなります。給料もいい、仕事の質も高い会社を辞めたのにはそれなりの理由がありました。巨大航空母艦化した日建を副社長の林昌二自身が疑問視していたのです。彼は昔の日建は小さくて飛行機で言えばメッサーシュミットだったが、今はボーイングだと嘆いていました。それは私も薄々感じていたことでした。大きな会社は冒険ができないなというのが私の実感でした。しかし辞めた理由はそれだけではありませんでした。竣工、実施設計の締め切り、基本設計などが重なりついに体に異変が起き、内臓疾患を発症しました。体の異変以外に、ちょうど勤続十年経ったのだしそろそろ独立したいという気持ちもわいていました。実はその数年前から日建の友人三人でちょっとしたスペースをアトリエとして日建とは別の設計活動をしていました。大きな声では言えませんが、単にコンペをやる程度のことではなく、実際に作る想定の設計もしていました。しかし結局何も建ちませんでしたが。

そんな友達と夜な夜な日建の近くのカフェで夕食後などに「これからどうする?」などと相談してい

ました。そして辞めるきっかけとなったのはとある巨大プロジェクトでした。それを任された時にちょっと嫌だなと思いました。というのはデザイナーが指定された仕事で日建設計はそのデザイナーのデザイン画を実施図面にするものだったからです。これは建築家魂を萎えさせるに余りありました。独立しようと思っていた時だし、体調もおかしくなったし、ついにお前にはデザインは期待しないから速やかに降ってくる神の言葉を図面化しろと言われたわけです。そこで上司に申し出ました。当時の副社長のところへ詣で、「長い間お世話になりました、独立したいと思います」と伝えたのです。さてそう言ったら副社長はこう聞くのでした「坂牛家の血筋は良いのか」と。最初は何のことを言っているのかよくわからなかったのですが、彼が言いたかったのは建築家（ここでは独立して事務所を構える建築家のこと）というものは昔からいい家柄の人間がなるもので普通の家の人間は組織事務所で働かざるを得ないのだということでした。普通の家柄の人間では独立したところで仕事は来ないからやめなさいと翻意を促すのでした。

もちろん私の家は普通の家です。もしかすると副社長の言う通り辞めても仕事が来ないかもしれません。子供も生まれてまだ小さいし、果たして教育費が払えるだろうか、などじっと心の奥にしまっていた独立への不安が堰を切って溢れ始めました。副社長の人心掌握術は見事です。しかしそんなことは既になんども心の中でシミュレーションされていたことであり、ここで怯むわけにもいかず。「おっしゃることはよく分かりますが、でも辞めさせてください」と一気に言ったらスッキリしました。流石にそれ以上の引き留めの言葉はありませんでした。

アクティブワーキング

会社を辞めると働き方はどう変わるのでしょうか。まずは大学を出て就職するところから考えてみましょう。みなさんはごく自然に大学、あるいは高校を卒業して、社会人になって働かなければならないと教えられて育ち、そしてみながやっているように就職活動をしてどこかの企業に入るわけです。大学というところはいつまでもいられるところではないし、いようと思えばお金がかかるし、それは親も許してくれないだろうから先ずは働こうと大学を去るわけです。しかしその惰性で働くことは得策ではありません。働くことが楽しさに変わるような働き方を探さなければいけないと思うのです。どうしたら働くことが楽しく出来るかといえば答えは簡単で、能動的に働けるかどうかにかかっています。昨今教育の現場でよくアクティブラーニングという言葉を聞きます。学生が能動的に学ぶという意味です。たとえば大学で先生は教えるのではなく、教える内容を学生は教科書で予め読んできて、大学ではその内容について議論するというような授業形式をアクティブラーニングと言います。本を読んでくればなにがしかの賛成、反対意見があるものです。そこで先生の眠くなる話を受動的に聞くのではなく、自ら思ったことを言い合うのです。そこで脱線をして教科書の内容からずれてしまうようなことがあれば先生はそこで少し軌道修正をします。これでも受動的授業に比べるとはるかに学ぶ質や量は向上することが実証されているのです。働くこともこれと同様だと私は思います。つまりアクティブワーキングです。人に言われて働くのではなく、自らの能動的な意志で働くことが重要です。

しかし一体どうしたらそんな働き方ができるのでしょうか。私が日建設計時代に組合活動の一環で会社の組織変更を提案しました。それは日建設計を本部とたくさんの小事務所の複合体にすることです。そして本部がとってきた仕事を提示し小事務所のボスたちはやりたい仕事をとりにいく。次に小事務所のボスはその仕事を提示し、若いスタッフはやりたい仕事を提示した事務所に仕事ごとに移動するというものでした。つまり能動的に仕事をとること。人事が押し付けとならないことを提案したのです。残念ながら変革の量が大きすぎて採用にはいたりませんでしたが、現在ではこうした考え方がある程度デフォルトになりつつあり、期待しているのです。ですからそういう環境の会社を探すというのが、まずはいまだ会社勤めをしていない人にオススメしたいことです。最近は働く内容もさることながら、働き方も会社のアイデンティティとして宣伝しているので注意して調べることです。そしてすでに会社に入っている人は、人に言われたことをするだけの会社ならば辞めるべきです。自らの意志で働けない場所は自分にとっても会社にとっても非生産的なのです。

冒頭に上げた問いに答えるならば、会社を辞めて独りで働き始めると、自らが欲して必要と思うことをするようになります。能動的に働くようになるのです。これが会社での働き方との大きな違いでしょう。

自律すること

さて会社を辞めるという本節のポイントに戻ります。辞めるということは口で言うのは簡単ですがいざやるとなると大変です。辞めることは自由を獲得すると同時に、自律の精神を求められるからです。自律するとは二つの意味があります。それは自らの強い意志に支えられて自らを律するという精神的な側面。もう一つは自らの食い扶持を自らで生み出すという経済的な側面です。精神的側面については是非ともみなさんにはフリードリヒ・ニーチェの著書『道徳の系譜』（一八八七年）〔註2〕に触れていただければと思います。ニーチェは倫理観の自律性を主張した近代哲学の偉人です。彼は、倫理とは人に教えられたり、人の言うことを真似したりすることではなく、自らで考え、自らの自由意志で培っていくものであると説いています。結局人真似で植え付けられた倫理を実行するのは苦痛であるし、自らの心の底からの行動を誘発はしないのです。ニーチェの著書については章末でもう少し詳しく触れたいと思います。

一方経済的な自律について考えてみましょう。会社をやめれば全ては自らの自由裁量となるのですが、一方で誰もあなたに給料を払ってはくれないのです。自らが生きる糧を獲得し自律しなければなりません。この不安は既述のとおり小さなものではありません。特に私の場合は娘がまだ小学校に入る前だったし、配偶者も子育てでそれほど働ける状態でもなかったからそんな時に収入のあてがなくなるのは心配なものでした。

しかしこれからのみなさんにとって独身の人は自分の心配だけだし、パートナーがいる人はむしろ二人で考えていくという（相手と共に稼ぐ）風に考えて、二人の（あるいは子どもも含めて数名の）新しい生活が生まれてくるのだと創造的に考えることが必要だと思います。そして自律的に生きていく中で獲得できたお金は会社からもらう給与とはまた一味違う、自律の喜びのようなものがあります。自らが自らで得ることができたものへの充実感、達成感があるものです。

また得られたお金は会社のお金であり、それが即自分のものではありません。ですからそのお金は会社を前進させるために使わなければいけないのです。そして自らへ払える給与がいくばくかは分かりませんが、その残されたお金の貴重さ、重要さは会社からいただく給与とはまた違う感覚のものになると思います。給与の場合はあれほど働いたのになぜこれだけしか分配されないのかという会社の方針に対する恨みつらみが付随しますが、自らの会社が得たお金の分配は自らが考えるわけであり、そこにはそうした恨みつらみは生まれようがありません。お金に対する純粋な有り難みだけがそこにはあるのです。

退職は本当にリスクか

組織事務所を辞めた人間がアトリエを始めて、周囲からどう見られたかということをお話しします。日建設計を辞めたことを恩師坂本一成に報告に行った時のことです。先生は独立を歓迎してくれたものの、かなり驚かれました。篠原研究室からも坂本研究室からも沢山の学生が日建設計に就職しているのですが、先生は他のＯＢの名を挙げ彼なら辞めるだろうと思っていたが、私は辞めるとは思っていなかったというのです。それは勝手に想像するに坂牛の建築は組織事務所向きで、アトリエ的なコツコツと作品を構築していくようなものではない、と言っているように聞こえました。また篠原研究室のＯＢの集まる会で日建を辞したことをお知らせすると、「坂牛、組織事務所を辞めた人間がアトリエですぐに仕事はできないよ」とも言われました。これも言った本人にその真意を確かめたわけではないのですが、言わんとすることはどうも、組織事務所の建築家とアトリエの建築家は、住む世界が違うというニュアンスでした。建築家としての能力だけではなく、価値観も違うということ。組織事務所でいい給料もらって仕事をとる苦しみを知らない人が、アトリエの世界にはなかなか馴染めないと言っているように聞こえました。

その時、昔就職する頃お会いしていた石井和紘さんの言葉を思い出しました。石井さんはイェール大学に留学して、当時イェールの教授だったチャールズ・ムーアの薫陶を受けた建築家です。私は大学院の時にＵＣＬＡに留学するにあたり、そこで教鞭をとっていたチャールズ・ムーア宛にムーアがよく知る石井さんの推薦状を送ったのです。それも功を奏したのでしょう、私は入学することができました。そこで帰国後石井さんの元に行き帰国報告と就職報告の双方を行ないました。その時石井さんは驚いたように私にこう言ったのです。「君は将来独立する気があるか」と。そこでそのつもりですと答えました。すると彼は次にこう言いました。「だったら悪いことは言わないから日建設計に行くのはやめなさい。そうしないと独立後に仕事が来ないよ」と。世の中の人はその人の生き様をちゃんと見ているものであって、仕事が無いのに独立してヒーヒー言っていると可哀想だと思って仕事をくれるものだと。それが大事務所でいい給料もらって楽な生活を送ってきた人が、そろそろ一人で仕事をしたいと会社を辞めたからって誰も情けをかけてはくれない。篠原研究室の先輩から言われた言葉と一〇年以上前に石井さんから言われた言葉がここで重なりました。先輩方のおっしゃることはそうかもしれないと少し気を落としました。しかし違う世界に慣れるのにそれほど時間はかかりませんでした。住めば都でむしろ色々な世界を知っていることがその後プラスに働くことになりました。

会社を辞めて、二度目の建築を始める

この二度目とは会社を辞めて独立して、マンションの一室で設計事務所を始めた時のことを言っています。あえてそれを「始める」と呼ぶのは何故か。それは一度目同様ゼロからの出発という状態だったからです。つまり二度目のスタートの時に、日建設計で一二年間学んだことが直接的にはあまり役には立たず、色々と学び直さなければならないことだらけだったからです。

私は日建設計の後輩である伊藤博之さんと木島千嘉さん（彼女は一年遅れで）と一緒に事務所スペースをシェアすることにしました。場所の名前は「O.F.D.A.」。それは Office For Diverse Architects の略です。

昨今よく口にされるダイバーシティ（多様性）の形容詞を使い多様な建築家の集まりという事務所名にしたのです。五〇平米のマンションは1LDKだったので個室を打ち合わせ室にしてLDKに製図板を四つ置いてエレクターの本棚を四台入れてそこにコンピューターを持ち込んだのです。一緒に辞めた伊藤くんはそもそも住宅の仕事を依頼されていたので辞めたのです。だから颯爽と新たな事務所でその仕事を始めました。一方私の方は仕事があって辞めたのではありません。加えて辞める時に副社長からは散々脅されていたので事務所ができたのはいいのですが不安な毎日を送ることとなったのです。とはいえ毎朝定時に電車に揺られて会社に行くという、あのなんとも嫌な気分を味わう必要はなくなりました。

事務所は方南町にあり、当時住んでいた下高井戸から自転車で一五分くらいでした。毎朝サイクリングをしながら気分良く出勤し、夜も終電など気にすることもなく、好きな本を好きなだけ気の向くままに読むということができました。伊藤くんとは彼の設計を見ながら夜な夜な設計レビューを行い、実にボヘミアンな時間を過ごしていました。しかし一体設計の仕事はどこから来るのだろうか？石井さんが言うように大事務所でいい給料もらってきた人間に情けをかけてくれる人などいないということか？と少々落胆している頃です。自宅の設計を頼んでくれた友人がいました。中学高校の同窓生です。そして運動部で苦楽を共にした親友です。

彼は都内の高級住宅地に一〇〇平米の土地を購入していて、延床面積一〇〇平米の自宅を建てたいという希望を持っていました。やっと初めての仕事が始まったのですが、ここからが大変でした。

問題は三つ。まず日建設計の最後の頃、設計図は全てＣＡＤで描かれていました。もはや手描きの時代ではないのです。しかしそのＣＡＤ図を描いていたのは日建設計の実施設計図を描く子会社のスタッフで、自分ではなかったのです。つまり私はＣＡＤ図を描いたことがなかったのです。しかし独立してから図面を手描きにするなどという時代に逆行することはしたくありません。そこでＣＡＤの練習をしなければならなかったのです。

二つ目の問題は日建時代に使っていたディテールやプロダクトは大規模な建築で使うものばかりで、その一〇〇分の一程度の規模の住宅建築に使うのは不可能なものばかりでした。たとえばサッシです。日建時代はビルサッシを使っていました。しかもそのアルミの型は常に特注でした。数万平米規模の建物ではそれが普通だったのです。だからサッシはサッシメーカーのエンジニアと打ち合わせをしながら作っていくものでした。しかるに住宅ではサッシはカタログから選ぶものであることを、最初は知りませんでした。

さて最後にして最大の難問は、なんとどうやって設計していっていいかがよく分からなかったことです。それまではまず建物のプログラムを入念に解きほぐしながら、プランニングをして、そこで出来上がる平断面の構成に外装をつけていくというような進め方でした。しかし住宅では、まずは小さな敷地の法規制があっという間に建物の建てられる範囲を制限し、その中に要求の間取りを入れる選択肢もそんなに多くない（と最初は思えた）のでした。それで構造を決めたらもう終わりになりそうで、一体何をするのだろうか？と考えさせられました。

最初のCAD問題はさほど苦労しませんでした。ちょっと練習すればかなりのレベルになれる。〈Zigzag rooms〉という住宅は全ての図面を自分一人でCADで描き上げました。二つ目の問題も幾つかの建物を設計しているうちに慣れました。しかしこの建築技術の二重性には今でも少しあわてます。さて最後の問題は時間がかかりました。建築のサイズやビルディングタイプの差による設計方法の違いは徐々に理解してきましたが、そもそも建築をどう作るのかというそれに連なる大きな問題につき当たることになるのです。

あらためて考え直す、建築のありかた

建築とは何かを考える余裕ができたのは日建設計の最後の仕事くらいからで、本格的に考え始めたのは日建を辞めて少し時がたってからでした。日建設計にいた時は日建設計を背負っていました。つまり建

築とは何かではなく、日建設計にとって建築とは何かを考えていたのだと思います。真面目な社員だったと思います。おそらく多くの若い社員は日建設計に限らず、自分のボスにとって、あるいは会社にとって大事なことは何かと考えるのだと思います。それはごくあたりまえのことでしょう。日建設計にとっての建築と、私にとっての建築は違うのかと言われれば違うと言わざるを得ないでしょう。そんなことは薄々感じてはいましたが、実際に辞めて建築を考え始め、日建というタガが外れて実感できたのです。あたり前ですが、日建設計には日建設計の歴史があり、多くのリピータークライアントもいて、日本経済の一部を背負っていたと思います。ですからそこには少なからずある期待というものがあったわけで、私はそういう期待を読み取ってそこに応えるのが仕事だと思っていました。それは建築とは何かという無色透明な建築ではなく、日建設計に期待された建築とは何か、だったわけです。でそれは何だったかというとテクノロジーであり、エコロジーであり、場合によっては効率とコストだったかもしれません。中でも建築テクノロジーを強力に推し進める期待とそれに応える義務があったと思います。しかしあたり前ですが建築はテクノロジーだけではなく、それを美的に作るエステティクスがあり、それを使う人を精神的に包むホスピタリティもあり、そのほかにも様々な側面を持っているわけです。でそれは何なのかと考え始める心の余裕ができたのは会社を辞めた時でした。

辞めた頃の生活はすでに記したのですが、建築とは何かを考え始めたことについて少し書いてみたいと思います。会社を辞めたらやることがなくなったので朝から夜までどういう建築を作ったらいいのかを考えていました。こんな経験は日建時代にはあり得ないことですよね。そして間も無く、私は東京大学の文学部の教授をしている（当時は助教授）先生から文学部で建築の授業を持たないかと誘われたのでした。仕事もないのでそれでは是非やらせてください、と答えたはいいものの一五回の講義なんて一体どうやってやればいいのか想像もつかないわけです。そこで一〇〇分を話す練習をしてみてこれはよほど準備しないととてもできないということがわかりました。さらに相手は文学部の学生です。正確にいうとメインは文学部の美学の学生です。だから彼らの言語で語らないとダメだろうということでその一年（授業をするまでの期間）で美学の基礎を独学しようと決めました。一〇〇冊の美学の古典を読むと決めて朝から晩まで読書をすると同時に話すことを考えました。

美学の基礎を読むうちに、これは実に建築を考える基礎でもあるということがわかってきました。そしてほどなく建築を構成する要素としての素材の質、素材の量、それらの形式化を建築と考えてみようと思いました。これはアリストテレスの四因論の教えです。この講義は「建築の質量と形式」というタイトルで行ったのです。美学科の学生が中心でしたが、独文、仏文、倫理学、哲学、言語学、社会学、もちろんはるばる工学部建築学科からも多数聞きに来てくれて、彼らに毎回小レポートを書いてもらいながら、建築とは何かを考え続けました。さらに数年後、今度は美学科の学生だけを相手に「建築の質料と形式」と題してバージョンアップした授業をして、四回の住宅訪問、毎回五〇〇〇字のレポートなどハードな、しかしとても贅沢な授業をしました。これも「建築とは何か」をさらに深く考えるきっかけとなりました。この時の講義ノートが後々私の博士論文（「建築設計における意匠設計原理の研究：多様性と置換性を内容した設計原理としての建築指標の提案」二〇〇七年、信州大学に提出）として結実したのでした。

またここで教えた教え子の数名が講義後に勉強会をしようと提案してくれて、その勉強会がきっかけで私は本格的な翻訳の道に入ることにもなりました。最初に訳した本はロンドン大学バートレット校の建築史の教授であるエイドリアン・フォーティーの『言葉と建築』（鹿島出版会、二〇〇五年）でとても建築プロパーの人間だけでは扱えない幅広い範囲（美学、美術史、哲学、社会学）を翻訳するのにこの講義後の勉強会メンバーはうってつけでした。時間はかかりましたが完訳することができました。この翻訳は私に実に多くのことを教えてくれました。建築が建築という学問分野内で完結するものではないことを教えてくれた本でした。東大での講義、その後に発生した翻訳業は、会社を辞めてできた時間を有効に建築的思考に使う支えとなりました。

かなり長い前置きになりましたが、それで建築とは何をデザインするのか？についてとりあえず何か結論が出たのかというと、私なりには会社を辞めて数年してから最初の住宅を設計する機会に恵まれその時にこれだろうなと思うところに行き着いたのです。

まず東大の授業で考えた、質料と形式から得られたことが基礎にあります。それはモダニズムが形式偏重の思考だったので、「質料を同等に扱う」ということでした。二つ目は翻訳業をやりながら考えたことですが、そこに登場するマルティン・ハイデッガーの教えが影響しました。ハイデッガーによって建築とは空間だけではなくその中身（人）や場だと思うようになったのです。その結果として私は建築の存在の仕方、もう少し限定すると建築の中身と周りの関係の仕方を考えるようになったのです。そしてその端緒となるのはきっと開口部であろうと思うに至りました。それは建築が形や空間それ自体だけではなく、建築の外と内あるいは内の中でもあっちとこっちを繋げるものだと思うに至ったことがきっかけです。その繋ぎに介在するのが開口部だと考えたのです。だから日建を辞めて私は三つの友人の家を設計したのですがどれも連窓の家という名前がついており、窓のことばかり考えて窓をデザインすることに専念したのです。

［註1］小田部胤久・山田忠彰『スタイルの詩学』（ナカニシヤ出版、二〇〇〇年）

本書はタイトルが示すスタイル＝様式のことが書かれてはいますが、俗にいう様式史のようなものではありません。そうではなくてスタイルが人間や社会との関係の中でどのような契機とプロセスを持って確立していくかが書かれています。それによればスタイルの発生の契機は個人の自己表現性です。表現を生業とする全ての人々、芸術家、建築家、文筆家などの個々の自己表現がスタイル発生の契機となります。しかしその自己表現がスタイルという社会的なものへと確立していくためにはその自己表現が他者も参考としたいという規範性を内在させていないとならないというところに着眼しているところが重要です。表現者として我々の参考となるところです。これを二人の著者の専門分野との関係で述べるなら、スタイルの発生の契機は美学的（小田部氏）な問題ですが、それが確立していく過程においては極めて倫理学的（山田氏）な問題へと移行すると言えるのだろうと思います。

［註2］フリードリヒ・ニーチェ『道徳の系譜』（一八八七年）

本章の自律について記した部分で取り上げたフリードリヒ・ニーチェの『道徳の系譜』はニーチェ晩年の著書です。ニーチェは一八四四年から一九〇〇年まで生きた人ですが本書は一八八七年に刊行されました。その内容は一言で言えばその時代の道徳の否定でした。そもそも古代の人々は強く、高貴だったのにユダヤ教とそれを受け継いだキリスト教は弱者救済を掲げ、弱いものが寄り集まり「恨み」「妬み」を言い合い、強いものを良しとしない倫理観を形成しました。それは一つの誤謬です。さらに、皆さんに植え付けられた道徳観は、おそらくは親から教えられ、本に書いてあることの受け売りに過ぎず他律的なものである場合がほとんどです。ここでニーチェはそうした倫理観を否定します。そうではなく、倫理とは自らの頭で考え、堂々と自ら実践していく力強いものであると解くのです。それはキリスト教文化に汚され、他律的な押し売り倫理観の否定です。これらを否定するのは強い思想や強い人間が生まれないからです。しかし我々が何か大きな決断をして前進する時には自らを心身ともに強くたくましくする必要があるのです。ニーチェの言葉にはとても勇気づけられます。きっと皆さんの背中を押して自信を与えてくれるものになるはずです。

Ⅳ

自律して働く

Working independently

グラットンのお勧めの生き方は「探検（exploration）」の後は「独立して生産する（independent produce）」です。建築ならば会社を辞めて自分の事務所を開くことになります。もちろん会社にいたまま建築家を続けるチョイスもあります。しかしそれと同じくらい会社を辞めて建築家をやることも選択肢でしょう。しかし辞めたら最後、自ら仕事をとってくるという大仕事があり、建築を辞めたくなっても我慢して続ける意志が必要です。一体どうしたらそんな心持ちを維持できるのでしょうか。一緒に考えてみましょう。

14

仕事を取ってくる

Getting a project

会社を辞める時に最も大きな不安は仕事があるかどうかでした。この悩みがなかったらあの日未来は霞の中には無かったのでしょう。そしてあれから数十年たちますが、いまだに霞がかかる時はあります。

頼みの綱は友達

仕事があって会社を辞めたわけではないし、当時バブルははじけた後でそんな期待感もまるでありませんでした。誰かが辞めるなら一番景気の悪い時がいいと言ってくれました。後は良くなるしかないからと。呑気なもので何もやることがないまま辞めたのにも関わらず、仕事を取るための努力をしたかというと、何もしませんでした。辞めたことを公言していれば誰かが何かを頼んでくるのだろう、なんてタカを括っていました。そして本を読み議論したりして、ぼーっと過ごしていました。当然建築の仕事は来ません。その代わり非常勤講師として大学で教えないかという誘いは色々あり、それはそれでやらせていただきました。その経験はもちろん建築を作る上で大きな肥やしになったのは事実です。

さてそうは言ってもなんとか仕事を取ってこないことには設計事務所は干上がります。そこで最初は気が置けない中学高校の同級生とかに会う時はいつでも、自分が独立したことを宣言して、自宅の設計をご下命くださいとお願いしました。当時私は三八

図7｜連窓の家#1（東京都、2000年、設計：坂牛卓、写真：本木誠一）

歳です。同級生もそろそろ自邸を持ちたいと思っている年頃でした。当時はバブル崩壊直後でまだ都心の地価は高く、自邸といえば近郊の通勤一時間圏内のあたりにマンションを買うのが普通でした。それをなんとか戸建を作ろうよ、と説得しました。戸建となると土地からですから、土地を買って建築費が残るような場所を一緒に探したのです。あるいは両親との二世帯住宅として費用を按分すると可能性が高まるという試算もしました。そんな中、私の最初の仕事は中学高校の同期生の自邸でした。同じクラブの人間で社会人になっても飲んだり食べたりする仲でした。これは大きな資産です。

さてそんな最初の建物〈連窓の家#1〉(図7)を設計していると友人間に噂が広がり、その次の仕事〈連窓の家#2〉(図8)とさらにその次の仕事〈連

図8｜連窓の家#2(東京都、2001年、設計：坂牛卓、写真：篠野志郎)

窓の家#3〉（図9）の依頼も受けました。どれも同じ中学高校の同級生、あるいは同じクラブの友でした。さらにそれを聞きつけた後輩から大きな会社のショールームの設計を依頼されました。これら四つの仕事が二年くらいの間に発注されたのです。半分運でしたが、それなりに彼らの建設意欲を掻き立てるためのプレゼンをしていました。その技術は古巣日建設計で培ったものです。特に私は企画室という、まだ仕事にならないプロジェクトについて様々なコンセプトメークやパースを使ってクライアントを説得するという部署に長くいたので、こうしたことは比較的得意としていたのです。さて当時設計料は一〇パーセントくらいをもらいました。最初の建物は三〇坪の家で三〇〇〇万。よって設計料は三〇〇万くらいでした。次の仕事は四〇〇〇万くらい

図9｜連窓の家#3（長野県、2001年、設計：坂牛卓、写真：寺西真人）

だったと思います。ショールームは規模が大きくなり一〇〇〇万くらいはもらえたのではないでしょうか。日建をやめた頃の年収は当時でおそらく額面一〇〇〇万弱でしたから、独立後にもらえた設計料はそれには追いつかなかったのですが、慎ましい生活には十分でした。お金の代わりに自由な時間と健康を手にしたという爽やかな気持でした。

そのころ日建設計の林昌二さんとお会いする機会があり、当時の事務所の台所事情の話となり、中高の同窓生から仕事をもらっているという話をしました。林さんは私の中学の先輩でもあり興味深げに話を聞いていましたが最後に「同級生は数に限りがありますよ」と言われ、その通りだなと思いました。

昔の事務所に頼る

次に営業をかけて「設計しますよ」と売り込んだのは古巣日建設計です。日建設計の設計者は建築家ですから友人、知人から設計を頼まれることがあるようです。しかし彼らにはそれを設計している時間がありません。あるいは日建設計が頼まれるけれど日建設計がやらない規模のプロジェクトもあります。

最初にお願いされたのは後輩設計者が依頼された神田のレストラン〈イル・リストランティーノ〉です。

これは彼の同級生が経営するもので大きさは一〇〇平米弱でした。次に頼まれたのは同じ後輩設計者の同級生のお医者さんの自宅でした。都心の一等地に親の土地がありそこに設計するというもので、充分な予算で住宅設計する経験をさせていただきました。また後輩女性社員からは自宅の設計を依頼されました。彼女は日建時代の友達であり、実は中学高校のはるかに若い後輩でもありました。彼女も実家の片隅の空いた土地に賃貸付きの住宅を作り、建物ローンを賃貸部分の家賃収入で賄う計画をもとに自宅建設を実現したのでした。なかなかの人生設計に後輩ながらあっぱれと思いました。

また大先輩役員の方からも二つ仕事をいただきました。一つは目白の一等地に大きな二世帯住宅を作りたいというもので、この方はそもそもプレハブ住宅メーカーに設計を頼んでいたが全くいい案が出てこないということで、日建に相談したそうです。それが日建ではちょっと難しいということで私が依頼されました。もう一つは大分で迎賓館を作りたいという話でした。着工までいきましたが、こちらは残念ながら途中で止まってしまいました。こんな風に古巣があって都合よく仕事を回してもらえたのは幸運だったと思います。古巣と言えば、ある建築家にインタビューした時、彼は古巣の事務所時代にお付き合いしたクライアントから仕事をいただいたと言っていました。また北川原温さんにインタビューした時は丹下事務所で学生時代にアルバイトしたときにお世話になった丹下事務所の関係者の家が処女作だとおっしゃっていました。どうもやはり最初に働いた場所で作った人脈はそれなりにその後有効に働くこともあるのではないかと思います。常にアンテナを張って、いい建築を頼んでくれそうな人を嗅ぎ分けるのは建築家の宿命的義務なのかもしれません。

人脈は命

私の事務所において初期の仕事は住宅に始まりましたが、次のプロジェクトは工場、児童福祉施設と続きます。この二つのビルディングタイプのクライアントはどちらも同級生ではありませんが、人生の重要な局面で出会った大切な人たちです。設計者としての私の恩人と言えるでしょう。おそらく建築家にはみなこういう、昔で言えばパトロンと呼べるような人との出会いがあるのだろうと想像します。

工場のクライアントは株式会社リーテムという名前の日本のリサイクル業界における嚆矢と言える企業です。この会社の社長中島彰良さんと私はＵＣＬＡ留学中の八〇年代にロサンゼルスで知り合いました。中島さんは某企業のロサンゼルス駐在員をされており、私は彼の奥さんと同じ英語学校に通っていたのです。それでお金のない私を不憫に思い奥さんが家に呼んでくれてご飯を作っていただくということが常習化して、芸術好きの旦那さんである中島さんと親しくなったのです。帰国してからそれほど深い付き合いはしていませんでしたが、ある時電話がかかってきてリサイクル工場を作るんだけどデザインしてくれないかと頼まれました。彼は駐在員をしていた企業を退社して帰国後実家の一〇〇年以上続くリサイクル会社を引き受ける覚悟を決め、やるからには日本に誇る会社にしようと考えたのです。そこで東京都の新しいリサイクル工場誘致のコンペに手をあげることを決め設計を私に依頼してきたのでした。

中島さんの会社の実績や事業計画が素晴らしく、我々の案も少しは功を奏して、このコンペは最優秀に選ばれ、設計案は実現されました。この案が評価されたのは工場を単なる工場にするのではなく、ガラス張りにしてリサイクル美術館のようにして、多くの人に見てもらおう、しかも中に入って見学という手続きを取らずとも、道路を歩いている人たちから中が見えてリサイクルの

図10｜リーテム東京工場（東京都、2005年、設計：坂牛卓、写真：上田宏）

何たるかが理解できる啓蒙施設にしようというコンセプトが評価されたもの（とこちらは良く解釈して）でした（図10）。

中島さんからはその後この会社の創業の地である水戸で、一〇〇年前の創業時のオフィスビル改築を頼まれました（〈パインギャラリー〉）。また東京のオフィスの最上階には茶室、新たに借りたオフィスのリノベーションなども設計しました。中島さんは私がUCLA時代に設計していたものをご存知で、そんな私の設計の考え方に共感してくれる人。すべての設計に対して、デザインの重要さをクライテリアとしてこちらの案を理解してくれる人なのです。その後もカトマンズ、ダッカなど世界のリサイクル社会構築に努力されており、いつも彼は私をそういう場所に同行させ、提案をさせるのです。こういう方がいるおかげで私の今があり、その意味では建築家として食べていくためにはこうした意識の高い人たちと常に交遊していることが重要なのだろうと思います。

次に児童福祉施設についてです。私はすでに四つの児童養護施設と一つの児童家庭支援センターを設計しています。これらはすべて日建の先輩に紹介していただいた当時の児童養護施設協議会の会長からの御下命、ご紹介でした。日建の先輩はこの方と同郷で私同様日建を早々に辞めて会長のお手伝いをされていました。しかし体調が芳しくなく、私がその引き継ぎを依頼されたのです。この会長と最初にお会いした時には自分の施設の夢をとうとうと語り、しかし現行の助成金制度ではその建物が実現できないということで、まずはその制度改革をしている様子でした。

しかし二〇二一年には児童家庭支援センター（図11）の設計を依頼され竣工しました。また会長の紹介で四つの児童養護施設の設計に携わることもできました。この手の施設は病院ほど複雑で専門的な建物ではないのですが、補助金の仕組みとか、建物の考え方とか、子供への愛情とか、様々な専門知識が必要です。そうなると、頼む方としては経験者に頼むと安心できます。ですからこのような特殊な建物の経験を増やすと、それなりに仕事は依頼されやすいということはあるのかもしれません。しかしこの例も工場の例と同様、やはり人との出会いが仕事に結びついていました。

図11｜児童家庭支援センター
（山梨県、2021年、設計：坂牛卓、写真：緋田昌重）

使えるものは親でも使う

伊東豊雄さんが設計した初期の名作〈中野本町の家〉は、伊東さんのお姉さんの家です。坂本先生の名作〈水無瀬の町家〉も、坂本先生のお姉さんの家です。お二人はどちらもこの親戚の家を人生の初期で設計して、そこで自分の建築論を確立してゆきました。その後だいぶ経ってからお二人は自邸、〈シルバーハット〉、〈ハウスＳＡ〉を設計し、後期の設計論をバージョンアップされたのでした。他人の建物では行いにくいひとつの建築的実験を、親類、あるいは自邸において実施してきた事実がここにあるのだろうと思います。若い頃、親戚からの仕事は、ひとつのチャンスです。しかし私の場合、そのようなチャンスは若い頃には全くありませんでした。そもそも

図12｜ 内の家（東京都、2013年、設計：坂牛卓、写真：上田宏）

私の親は二人とも青森県出身で東京にそんなに親戚はいなかったのです。また実家は私が幼年期に建売を買い、その家が気に入った親は子供達が出ていった後も広くなった家を謳歌して建て替えるなんて考えてもいませんでした。しかし転機が訪れたのは母が他界した時。父一人での生活は不安ということで兄と同居する家を作ろうということになりました（図12）。先輩たちが残した若い頃の実験的な試みとは異なるものの、ここまで考えてきたことをまとめるいい機会を与えてくれました。それは建築的な挑戦というよりかは、親への思いの表れとして価値があったと思います。

行政にコミットする

ある時地方都市で行われた設計コンペで、自分が教えている大学の研究室チームが勝利を納めました。使われなくなった製氷工場のリノベーションコンペでした。プロの設計事務所を相手にコンペに勝てたのは、主催者が損得勘定なしで長く付き合ってくれるチームを探していたので、大学の研究室という看板が功を奏したのだと思っています。コンペを主催したのはこの市のまちづくりをしているＮＰＯでした。我々は建物の施工にもどっぷり浸かり、学生たちはＮＰＯの人とも施工者とも仲良くなり、そしてＮＰＯには市から出向している人もいた関係で、市の人とも話す機会が多くなりました。そうこうしているうちに、何か言うとパンと返す私たち研究室の活動に、ＮＰＯも市も期待をしてくれるようになりました。そのうち毎年市や、ＮＰＯの予算をさいて研究室に共同研究の依頼が来るようになり、そして確認申請が必要な仕事は私の事務所Ｏ.Ｆ.Ｄ.Ａ.が受けるようになったのです。そのうち事務所で受けた設計の仕事に演習として学生が参加するようなことも始まりました。

地方都市は人がいません。特に若い人が枯渇しているのです。そこに我々が新しい考え方や、活動を持ち込むことが新鮮であり、新しい空気が吹き込まれまちが活性化するのだろうと思います。

ある時くだんの製氷工場の隣にその工場で作った氷を貯蔵しておく氷室があり、それをコンバージョンする共同研究を依頼されました。様々な案を作りました。そのうちギャラリーを作ろうという話になり、事務所でその設計をすることになりました。あまりに奇抜なデザインで施工してくれるところが見つからず、研究室の学生と事務所のスタッフがＦＲＰ製で自ら作り上げることになりました。春休みを利用して現地に泊まり込み、完成させました。オープニングセレモニーには市長も来られ、スピーチでこんなボロボロの建物を改修してもたいしたものにはなるまいと思ってきたが、見違えるようになって驚いたと仰っていました（図13）。

地方都市に限りませんが今は官民一体となってことを運ぶ時代なのだと思います。その意味では何かをきっかけに行政と一体となってプロジェクトを経験すると、仕事は繋がるように思います。そして単発的ではなく町医者的に付き合うことで地域の信頼を得ることもできるのだと思います。

コンペに勝つ

私はコンペにあまり勝てませんが、前項でお話ししたように製氷工場のリノベコンペは地方都市のお手伝いをするきっかけとなりました。その後もいくつかの公共のプロポーザルをとることができました。こうしたオープンコンペの建物はおおむね公共建築です。公共建築は実績の無い若い建築家にはなかなか依頼がありません。最初はプロポーザル、コンペのような形で入り込むしか手はないと思います。しかし、そのプロポーザル自

図13｜Fujihimuro
（山梨県、2019年、設計：坂牛卓、写真：緋田昌重）

体、応募資格に実績を求める傾向にあるので、新規参入のハードルが非常に高い一種の産業規制がかかった状態と言えましょう。競争率が高いのですが、大きな実績は問われないプロポーザルを探してトライするしかありません。

これをしなさいと言えるほど勝ってはいないので偉そうなことは言えませんが、少ない経験から言えば、勝てそうなコンペを探すということは重要です。このビルディングタイプなら少しは経験があるとか、この審査員なら自分の考え方と合いそうだとか、この敷地なら地元だとか、自分と何か関係のあるコンペを探すのは重要です。次に徹底してコンペ要項を読み、審査員の胸中を推し量ることが必要です。私も審査員をしたことがありますが、要項はそれなりに検討して作るものです。ですからその審査員の気持ちを斟酌しながら回答を作らなければなりません。そして当たり前ですが審査員がどう受け止めるか想像力を働かせながら、伝わるようにプレゼンをすることです。ただ日本ではコンペは負けたら一銭にもなりません。ですからずーっとプロポ、コンペだけをやっていくのは難しいことです。事務所の収支を合わせながら可能な範囲でコンペをしなければならないので大変です。コンペの仕事だけで事務所を運営しているような強者もいますが尊敬します。

賞は仕事を呼ぶ

賞は何のために応募するのでしょうか。建築家のレゾンデートルを獲得するために自らの設計を評価してもらうのは自然なことかもしれません。昔は日本建築学会が選ぶ、作品選集、作品選奨、学会賞などが主たる賞だったのですが、昨今日本建築家協会も賞を出し、ネットで応募しやすい海外の賞も増えました。みなさん多数の賞を獲得していると思います。そうなるとだんだんどの賞がどれほどの価値があるのか、もはやチェック不能な感じがします。建築デザインの業績を客観的に評価するのはとても難しいものです。しかし多くの賞をとっているとなるとクライアントも安心するものですから、自らのポートフォリオや経歴に受賞歴があることは仕事に繋がると思って間違い無いと思います。

少なくとも若いうちは作品ができたら、学会の作品選集には応募するようにしたほうがいいでしょうＪＩＡの優秀建築選も同じように手頃な賞です。双方年間一〇〇作品くらいを選ぶので選ばれる確率は高いと思います。またさらに海外の写真審査の賞への応募もやるべきだと思います。どの程度の価値があるかは別としても、そういう情報発信が意味を持っています。そしてそれはクライアントへの信頼に繋がります。

私が設計した〈リーテム東京工場〉は多くの賞を受賞しました。日本では学会の作品選奨、芦原義信賞、海外ではインターナショナル・アーキテクチャー・アウォード、北米照明学会賞などをいただきました。これらの賞が株式会社リーテムからの信頼を得て、その後の中国のリサイクル工場や〈パインギャラリー〉（図14）の依頼に結びついたのです。賞は設計者のみならず、クライアントにも喜びや信頼感を与えます。

　賞に応募するのは時間もお金もかかり、何の意味があるのだろうかと、時折疑問に思うこともあります。しかし研究者が論文を書いて査読付き論文として投稿して採用されると一つの業績になるのと同様、設計者も賞に応募して賞をとることで一つの業績になると考えたらどうでしょうか。賞によっては過去の受賞作品をウェブサイトに掲載しておいてくれているので、一度受賞すればクライアントにも容易にお見せすることができるものです。

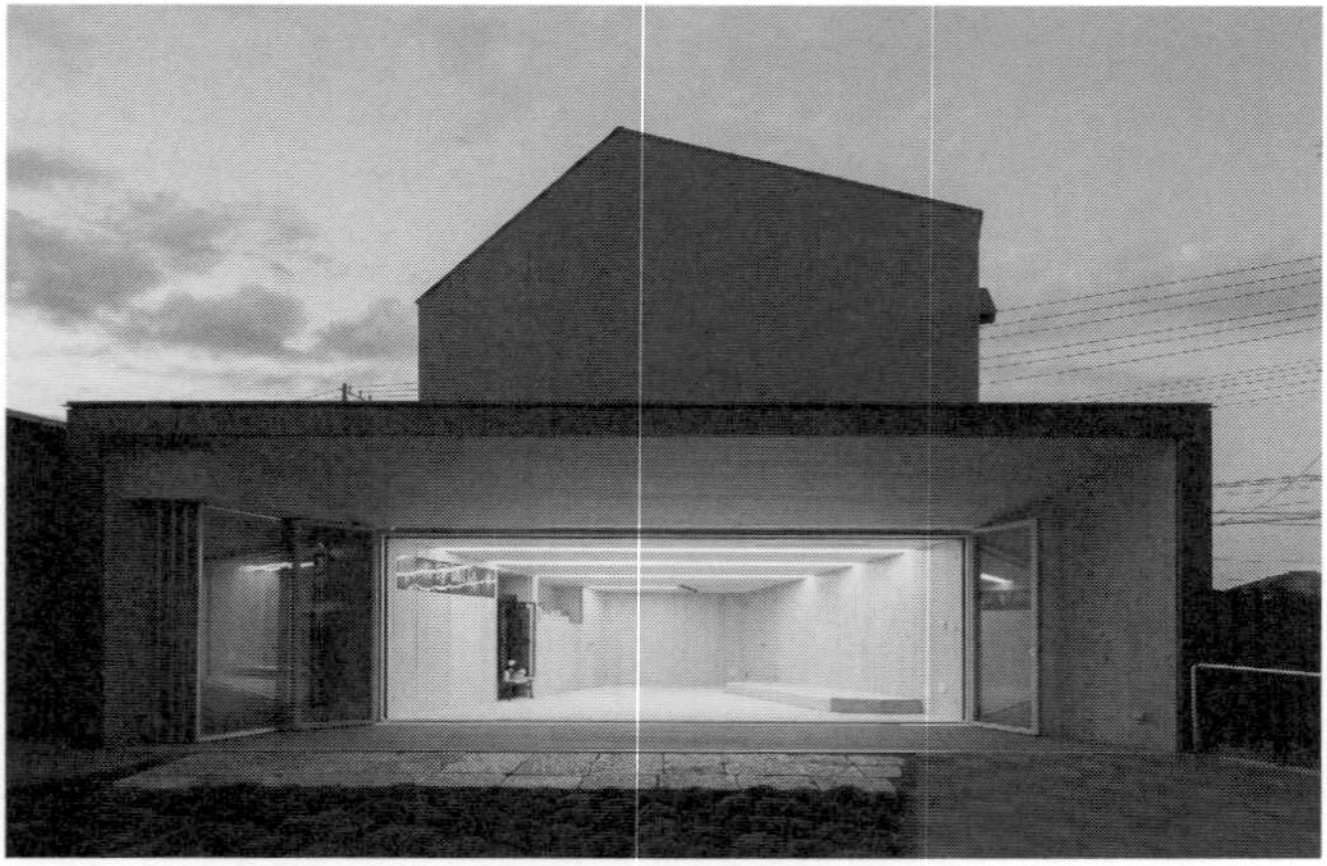

図14｜パインギャラリー（茨城県、2013年、設計：坂牛卓、写真：上田宏）

共同システムを作る

私たちの組織はO.F.D.A.という名前をつけてスタートしましたが、もともとこの組織はグループで建築を作る、みかんぐみとかシーラカンスのようなものを目指していたのではなく、伊藤博之さんと木島千嘉さんの三人でシェアした場所の名前でした。Office For Diverse Architectsとはいろんな建築家のいるオフィスというその名の通りオフィスの名前です。なのでスタッフも三人がそれぞれ雇って給料を払っていますが、仕事が多くて忙しい時と仕事がなくて暇な時がそれぞれあるから、場合によっては、スタッフはお隣の木島さんの仕事を手伝ったり、伊藤くんのスタッフが私の仕事を手伝ったりしていました。そうすることで仕事の波に対応しようと考えたわけです。それは比較的うまくいったようです。時として三人で仕事をしたこともありました（完成には至りませんでしたが）。二人でやった仕事は結構あります。特に私と木島さんで協力した仕事は三つくらいありました。

グループで場所をシェアしたのは、カタログやコピー機や材料などはシェアした方が経費削減になるだろうと思ったからです。このあたりは三人とも日建設計にいたのである程度組織というものに対する共通認識がありました。しかしその後が重要で、どこまで組織的に運営するかというところで日建のようにやっていては元の木阿弥なので、三人の独立性を担保しなければ意味がないから三人それぞれ事務所登録をして採算も別々としました。共益費を払って場所をシェアするという方式をとったわけです。これは既述の日建時代に組合として提案した、本部と小事務所の集まりという組織形態に類似します。

というわけでO.F.D.A.の三人は箱を共有しましたが独立採算性にし、スタッフは共有して仕事の波を吸収するという方式をとったのです。若くして独立する時にはどうしてもエネルギーが必要だし、場所代も馬鹿にならないのでこうして場所をシェアするという考えは有効だろうと思っています。それは経済的にもそうですが、精神的に、あるいは設計上の相談をしたい時などでも便利だと思います。若い人たちが独立するためにはこうした工夫が不可欠だと思います。独立の不安を解消して独立を生き方の一つのチョイスにしてもらいたいと思います。

15

建築を辞めたくなる時

When you want to quit architecture

どんな仕事でも簡単なものはありません。毎日楽しく快適に進めばこんな嬉しいことはありません。でも建築も仕事です。辛いことも辞めたい時も必ずあります。物理的、経済的な困窮から精神的なものまで辛い話はたくさんあります。

仕事がない時

先日私の事務所から独立したＳ君が「ちょっと前まで仕事がなくて、転職しようと真面目に考えていました」と言っていました。実はその頃私が彼に、とある建物を共同で設計しようと持ちかけたので彼の仕事はギリギリ繋がり、転職せずにすみました。建築設計は仕事がなければ収入は突然ゼロになるわけで、S君のような状態にはおそらくどんな建築家も必ずなった経験があるだろうと思います。私の一番の危機は独立した時でした。仕事があって辞めたわけではないので、毎日貯金を食いつぶして生きていたわけです。小さな子供もいたし、その子は小学校にも進むだろうし、どうしようかなと漠然とした不安に包まれていました。しかし既に書きましたが、別に営業活動をしたわけでもなく、じっと耐えていたと言うところでしょうか。それはそれは惨めな感じで、家族で外食なんて怖くてできなかったし、それでも何食わぬ顔をして、家族にその不安を感じさせないやせ我慢をしていなければならないのが大変でした。

そんな時に日建設計ではどうしていたかと思い出してみると、日建設計では専従の営業マンがいて彼らは常にクライアントになりそうなところを駆けずり回って仕事になりそうな情報を獲得してきました。彼らはもともと銀行や商社など様々な人脈があり、仕事が生まれそうなところを知っていました。そうやって得た情報を仕事になりそうな順にＡＢＣとランク付けして集計し、さらに統計的にＡＢＣ毎の仕事になる確率を蓄積してあり、それを乗じて今後一年間の設計料収入を計算していました。だからそれが必要収入に足りなければコンペやプロポで補填したり、営業をもっと頑張ったりしてなんとか帳尻を合わせていたのです。さて独立してやっている小さなアトリエで専属営業マンを置いているところなどありません。ですからお願いして歩く場所も知らなければ、時間もないのでじっと我慢しているしかなかったわけです。もちろん、そうは言ってもただ手をこまねいているわけにもいかないので、頼るは先輩や元いた事務所などにお手伝いできそうなことはないかを聞いたりはします。ある時は日建設計の下請けの仕事をしました。だいぶ助けていただきました。ドバイの五〇〇メートルの超高層一本丸ごとやってと言われて一年間事務所のスタッフ丸ごと全員でやりました。でもこれで建築を続けられました。しかしじっと我慢しているのも、古巣を頼るものどちらも辛いものです。

トラブルが生まれた時

建築設計の相手は直接的にはクライアントですからトラブルはクライアントとの間に起こるのが原理的には一番多いでしょう。しかし設計は時として社会も相手にしていますから、社会との間で起こることもあります。

クライアントとの間で起こる一般的なトラブルは、できた建物の不具合です。「こんなはずじゃなかった」「聞いていない」というクレームにはまだこちらにも言い分がありますが、雨漏り、壊れた、動かない、類のクレームは明らかに設計、施工側の落ち度です。そうなるとこれは設計者の落ち度か施工者の落ち度かということになります。ここに来ると簡単に判断つくことと、「言った、言わない」の水掛け論で決着がつかないこともあります。たとえば雨漏り、漏っている場所の天井を剥がして、天井裏の水の筋を追いかけていくとどこかで外と繋がっているのですが、その繋がっている場所をなんとか解剖して開けて見るとあるべき防水材料がない。これは明らかに施工者の施工ミスです。しかしそこに防水材料が入っているし、その入り方も設計図通りとなると、設計が悪いのではないかということになるわけです。しかしその部分まで建物を解剖できるのは稀で、大抵はあるところでそれ以上解剖できないのが普通です。そうなると責任の所在が分からず喧嘩両成敗のような決着を見ます。設計者としてはいつも行なっている設計でいつもは漏らないのに今回漏るのは施工者の責任だろうと思うのですが、その証拠を見つけられないとそうなってしまうのです。それは実に辛いものです。

建物の不具合ではないトラブルとして、目標工事費以下に設計見積もりが下がらない場合、設計は全部終わっているのに設計料を払わないというクライアントが現れたことがありました。工事費見積が予算より二〇〇万くらい高かったと思います。設計というのは確かに最初に予算を聞きます。だいたいこのくらいで作りたいとクライアントは言うものです。しかし建築の設計監理契約の中に「設計した建物が〇〇円以下でできない場合設計料は放棄する」というような文言はありません。もちろん設計者はだいたいの予算を聞いて、概ねその辺りでできるような規模設定をし、構造を選び、仕上げを選択するものですが、建築物価は大根のようなもので時価なのです。ですから設計をしている最中と設計が終わって見積る時で、すでにコスト変化があるものです。ですから契約書の中に工事費を保証するような文言は入れられないのです。というようなことをクライアントに説明をしたのですが結局半分しか頂けず、もちろん着工せずに終わりましたが、これも辛い経験で収入は減るし、建物は作れないし精神的にも経済的にももう辞めようかと思った瞬間でした。

さてトラブルはクライアント以外にも起こります。クライアント以外に一番多いのは近隣の方々です。建築はある規模以上になると法的に確認申請前に、敷地にこういう建物を建てたい旨の看板を立てます。加えて近隣の方々への説明が義務付けられます。この時点で文句を言う人はあまりいないのですが、いざ工事が始まって地下工事をすべく土を掘り始めたりすると、自分の家の土地が崩れるのではないか、掘削の振動で自分の家にひびがはいるとか、色々とクレームが生まれます。その手のトラブルは一度発生するとなかなか引いてくれるものではなく、毎日のように現場に来ては怒ります。こちらも様々な説明をしてその安全を理解してもらうのですが理解に至らない時は精神的に追い詰められるものです。本当に逃げ出したくなったりしますが、誠心誠意対処するしかありません。相手の立場に立って考えて対処すればそれはそれで人間はお互いを理解できるものだと先輩に教えられました。それで建築を辞めずにすみました。

コンペに負けた時

コンペやプロポーザルによく負けます。『連戦連敗』（東京大学出版会、二〇〇一年）という安藤忠雄の書いた本があり彼にしてそうなら負けてもいいかと思わなくもないのですが、いやいやそう簡単なものではありません。コンペ、プロポーザルというのは、建築家が設計の仕事を取るために、とある条件の建築計画に提案書を作ってそれを審査員が審査して最優秀賞を決めるものです。コンペ、プロポの公募にくまなく応募して、選抜され、設計して、それらだけで事務所を運営している事務所もあります。また、ときどき応募し、一～二年に一つずつつくらい最優秀賞をとっていく事務所もあります。またたまに自分の気に入った建物、審査員の時だけ応募する事務所もあります。私はこの最後の部類に入ります。またほとんどそういうものは出さないという事務所もあります。コンペ、プロポをしなくても継続的に仕事を依頼してくるクライアントがいる人は経済的には応募の必要性はないのです。そもそもコンペ、プロポは応募しても応募料を主催者が払ってくれることは稀なので負け続けると事務所にとっては経済的に打撃です。一ヶ月間くらいは少なくとも提案時間は必要でそれにかかる人件費は少なくとも五〇万円くらいはかかります。負ければそれは水の泡ですから五回負けたら二五〇万円失います。事務所の営業的には痛いところです。

私の場合一〇回は負けているでしょうから五〇〇万円は失ってきました。でも仕方ないのかなとも思っています。もちろんコンペもやればやるほどなんとかコツが分かってくるもので勝つこともあります。そのためには事前の情報収集、相手の欲しいものの分析などが必要です。それでも負けます。それは本当に落胆します。しばらく建築に手がつきません。そもそも日本の場合コンペ、プロポが少ないと聞きます。ヨーロッパでは公共建築は全てコンペ、プロポにして建築家に平等の可能性を与えてくれるのですが、日本ではコンペ、プロポにすると役所の仕事が増えるのでなるべく競争入札で決めてしまうのです。そうするとたまに発生するコンペ、プロポに建築家たちが多く集まりすぎてなかなか勝てないという状態になるのです。それでも審査員が建築家で、内容が興味深いものの場合食指が動きます。戦う意欲が湧いたらやります。すでに述べたように公共建築はコンペ・プロポでしか設計できませんから。そして勝ちたいという人間の自然な欲望に負けて出すことになるのです。そして負ければ建築を辞めたくなる馬鹿な循環にはまります。そんな時は、残念ながら自分の能力不足ですから人に当たることもできないし、ひたすら反省して、次にどうするか、何を勉強すべきかを考えて作戦を立てながら耐え忍ぶしかないと考えるようになりました。

できたものに満足できない時

これは大きな声では言えませんし、そうあることではないのですが、ゼロではありません。それに対してなんとか理屈をこねてこれで良かったと自分を納得させたりしますが、限界があります。しかし満足いくかどうかはすでに設計時点でわかっていることもあります。これはそもそも私が望んでいるものではないけれど、様々な力の結合によってここまできてしまったという設計が過去には何回かありました。それらは前職の時でした。もちろんそれはクライアントや社会に対する道徳を裏切ったというものではなく、むしろクライアントや社会に対する道徳を守り倫理的な考察を踏まえたものの、自らの主体と倫理の葛藤がうまく進まず、倫理だけでできてしまったというようなケースです。またこれはそう多くはありませんでしたが、すでにデザイナーがいてそのデザイナーの指示のままに実施図面を描かされたときはちょっと元気がなくなりました。悪く言えばこれは奴隷のような状態です。やはり設計の基本は自由だなと思った次第です。また若い頃はボスが安全側、安全側を走らせるので、無謀な若者のチャレンジを事前に回避するように促されます。そしてやりたかったことが何もできず無難な何の特色もないような建築を作ってしまったこともあります。もちろんクライアントにとっては特に特色のあるものを求めず、使いよく長持ちすればそれでいいという建物も多いわけで、それには十分合致した建物であったことは事実です。

さて独立してからはということもちろんあります。しかしもはや建物全体が想定外で愕然とするようなことはありません。満足いかない可能性は設計の段階で回避できるようになりました。ですから満足いかないのは概ねディテールとか素材の選択とか色あるいは家具です。そしてこれらの不満足はすっかり見落としていたということがたまにあります。特にディテールの場合はそういうことが起こります。

そして素材や色や家具が不満足になる場合は、クライアントの希望に従った場合が多いです。これは避けることができません。クライアントにも私にも好き嫌いがあります。これは変えることができないものです。そしてクライアントに私の趣味に従ってくださいと言うことはできます。そしてその方がきっといいものができますよと言うこともたまにありました。しかしその場合はできた時、彼らに不満が溜まります。それはやはり高い買い物をしている人に対して不憫です。そこでそのあたりは一歩引くことにしています。そしてそれに沿って作ると私の好きではないものになります。でもこれはもう仕方ないなと思って諦めることにしています。その場合昔は建築を辞めたいと思っていましたが、今ではまあそれも建築だなと思うようになっています。

辞めないで旅をし本を読む

さてこれら建築を辞めたい事件が色々起こるのになぜ辞めないのかと言えば、辞めたってやれる仕事がないと言うのが一番大きな理由です。そして次はどんな仕事においても誰だって辞めたいことなんていくらでもあるだろうと思うからです。一生楽しく、挫折なく、満足してできる仕事など、あろうはずもないのです。そう思えばもし辞めて違う仕事をしてもまたそれも辞めたくなるに違いないでしょう。だから辞めても仕方ないと思うようになりました。そしてそういう時に有効なのは旅と読書だと思うに至りました。

そんな旅の一つでポルトガルへ行きました（図15）。信州大学で教えていた頃です。夏休みを利用して一人で旅しました。アルヴァロ・シザとアイレス・マテウスの建築を見たかったのです。真夏のポルトガルをひたすら歩いて多くの建築を見た時には、私の心はすっかりまた建築を作りたい気持ちに戻っていました。旅に行くのはおそらく建築家のリフレッシュ術の常套手段だろうと思います。恩師篠原一男がアフリカ旅行に出かけた時は第二の様式に限界を感じていた頃で、どうにかそこを突破して新しい様式に移行したいと思っていた頃だと思います。そこでそれまでのモダニスティックな第二の様式をブレイクするために野生の思考を求めアフリカにヒントを得ようと出かけたのです。

旅以外に私がオススメしたいのは読書です。しかも建築以外の分野の読書です。読書も一つの旅のようなもので、特に自らの知らない分野の読書は未開の地への思考の旅です。そこには様々なヒントが転がっています。たとえば生活の基本となる衣食住の知には、建築と通じる価値観があります。ですから衣（ファッション）、食（クッキング）、また同じ表現行為としての音楽、絵画、そして原理的な思考を養う意味で社会学、哲学は重要です。私が会社を辞め

図15｜リスボンの地下鉄
（リスボン、2008年、設計：アルヴァロ・シザ、写真：坂牛卓）

て大学で建築を講じるために美学の本を一〇〇冊読もうと決めたのが二〇〇〇年で、そこから年間だいたい一〇〇冊くらい読書をし三〇〇〇冊くらいの本を読みました。読書家の方にはもっとべらぼうに読んでいる方もいると思いますが、そのくらいのペースで読んでいると、なんとなく様々な分野の知識のだいたいの枠組みはわかるものです。それは建築にとってとても重要なことで、これによって建築というものの考え方を知の大きな枠組みの中に位置づけることができるようになってきました。それが「理念」を考える上では基礎となるのではないかと思うのです。

16

建築を続ける力

Commitment to architecture

誰でも言うことなのだと思いますが、何かを成すためには少しずつ着実に進むしか道はないのだと思います。つまり続ける力が物事を成就する源泉なのではないでしょうか。

―

問う力

石の上にも三年と言いますが、私は一〇年と言っています。何かを始めたら一〇年は続けることです。人生九〇年くらいとして、これからの時代七〇ちょっとまで働くでしょう。すると二〇ちょっとから働くとして約五〇年は現役選手です。ですから一〇年やってみてつまらなかったら人生大転換しても構いません。それでも残り四〇年はあるからです。しかし何かをすごく深めようとしたら一生やり続けることです。石の上にも五〇年です。しかし五〇年何かをやり続けるには根気と工夫が必要です。放っておいたら人間の持続力は萎えていくと思います。何かをやり続けるにはそれをやりたいと思う欲望が伴わないとうまくいきません。

その欲望を支えるのは建築の場合は二つあると思います。一つは作りたいものがあること。二つ目は作ったものに対する反省から生まれる問いです。作りたいものがあるとは、作りたいものに対する理念を持っているということで、たとえば「燦々と陽が眩しいくらいの心が晴れる空間を作りたい」というようなことです。こういう自分ではまだ達成できていない作りたいものへの欲望というものを持つことです。そしてそれが完成した時にそれを見て見事にそれを達成できたなら、次なる欲望を探すことです。しかし往々にしてそういう欲望が簡単に成就されることはありません。きっとどこかに満足できぬ部分があり、そしてそれはなぜできなかったのか、あるいはそれが自分の求めていることなのか、あるいはそれをどのように発展していけるのかというような問いが生まれることが普通です。この問いは何も自分の建築からだけ生まれるとは限りません。それは他の人の建物から思うこともあるでしょうし、あるいは日常の様々な出来事から生まれることもあると思います。そのような問いを蓄積して常にそれを問い続けることが次なる建築を生む大きな原動力になるのです。

東京大学の上田正仁教授は『「考える力」の鍛え方』（ＰＨＰ研究所、二〇一七年）〔註1〕という本をお書きになってベストセラーになりました。その本では「大学に入って考える力を鍛えてください。それは受験勉強とは違います。受験勉強は与えられた問題を解くことだけれど、考える力とはこの問題を考える力であり、それを解く力、そしてそれを継続する力だ」と言っています。建築も同様で建築を作る力とは建築への問いを持つ力、そしてそれを解く力、それらを繰り返す力なのです。

作りたいものを持ち続けることそして、反省からくる問いを考える意志を持つこと。このことを維持していくためにどうしたらいいのかを皆さんに考えてほしいと思います。それらを実現する働き方は皆さん自身が作っていくべきだし、選べるはずだと思います。その方法の一つとして私は会社を辞めましたが、会社を辞めることは手段です。違う手段があるのであれば、その手段を使ってもいいのだと思います。

建築家の基点

さて建築家の問う力はその人の設計理念という形で建築家に内在化されるのだと『建築の設計力』（彰国

社、二〇二〇年）の中で記しました。そしてそのことを検証したく前著『建築家の基点』（彰国社、二〇二一年）［註2］で一三人の建築家のインタビューをまとめて彼らの建築理念の起源としての建築家の基点を探り出しました。それはこんなことでした。建築家にはそれぞれ基点となるようなものがあり、それらは彼らの初期の建築の中に現れてそれがずーっと現在の建築にまで見えがくれする。それはつまり一人の建築家に与えられた建築的ＤＮＡはそんなに多くはなく、それがそのまま形を変えず出てくる人もいれば、それらが様々なバリエーションを持つ人もいますが、しかしそれらがどんどん変わる人はそんなにいないものだということを示しました。言い換えると建築を続けていくということは、結局人生の初期に考え抜いた思考の塊のようなものをなんとか継続していくようなことなのだろうと思います。それはその人のパーソナリティであり、そしてそれ以外に、建築の魂のようなものはそう簡単には出てこない。逆に言えば自分という建築家は今自分に備わっているもの以上でも以下でも無い、そう割り切って取り掛かるしか無いのだろうと思うのです。そう考えると楽になるのではないでしょうか？巨匠にしてもあの最初に作ったもの以上のものは出てこないのだと。だから自分たちももう何もこれ以上はない。だからそれを徹底して掘り下げていけば何か出てくるものなのです。それを何もないと勘違いして天啓を待ってじっとしていても何も起こらないのです。建築を続けるとはつまるところ今自分の持っている基点を信じてそれを考え抜くことです。それ以上のことを求めるのは意味がないし時間の無駄なのです。

〔註1〕上田正仁『「考える力」の鍛え方』（ＰＨＰ研究所、二〇一七年）

本書は東京大学の物理学科の教授である上田正仁氏が学生向けに書いた分かりやすい本です。その内容は　予講：「考える力」とは何か。第一講：「問題を見つける力」を身につける。第二講：「解く力」を身につける。第三講：「諦めない人間力」を身につける。第四講：考えることは、創造すること、と説くものです。述べられていることは一聴当たり前のようですが、要は問題を自分で探すことそして、それを解くということです。この問うて解くという作業を繰り返し行い、決してやめないところに考える力は磨かれていくのです。このことは建築においても同様で、私は拙著『建築の設計力』で、これを焼き直しました。大学生なら課題が与えられた時、プロの建築家ならプロジェクトが始まった時そこで与えられたテーマ以外に自らその中に問いを見つけることが重要であると記しました。そしてその課題に対する解法を考え出すのが解くということです。そしてそれを継続することが重要です。しかし建築を継続するには建築を作り続けたいという欲求を維持しなければならないのです。そのためには常に自らが作り続けられるための意志としての「理念」が必要であると説きました。

〔註2〕坂牛卓『建築家の基点』（彰国社、二〇二二年）

この本は『建築の設計力』の中で理念を持って設計せよと学生に説いてもあまりピンときてないようだと思ったのが執筆の動機でした。この本を執筆している時から現在に至るまで私はＪＩＡマガジン（日本建築家協会会報誌）の編集長をし、その巻頭で建築家へのインタビューをしていました。そしてそのインタビューの中でわかったこととして建築家には若い頃に発露しているそれぞれの建築家の基点のようなものがあり、それが熟して理念になっているということです。そこでその基点の発露と熟成をインタビュー集としてまとめて理念理解の参考にして欲しいと考えたのです。

建築家は一三名を選びました。安田幸一、長谷川豪、宇野友明、門脇耕三、伊東豊雄、長谷川逸子、坂本一成、青木淳、山本理顕、古澤大輔、豊田啓介、田根剛、中山英之です。さらにこの一三名の基点となるものを大きく二つに分けたのです。一つは建築に内在する問題系でこれらはさらに「物」「間」「関係性」に分けることができました。もう一つは建築に外在する問題系でこれを「世界」と呼ぶことにしました。安田さんから門脇さんまでは「物」の建築家です。そして伊東さんと長谷川逸子さんは「間」。坂本さんと青木さんは「関係性」で山本さん以降は「世界」に分類しました。実は建築を建築に内在する問題で語るのか外在する問題で語るのかは歴史が古く、拙訳『人間主義の建築』(鹿島出版会、二〇一一年)で二〇世紀初頭にジェフリー・スコットが当時隆盛を極めたネオゴシック批判としてこの分類を使っています。スコットはネオゴシックを賞賛する人たちの理屈は建築に外在する論理を援用している。それらは物理学、生物学、倫理学だったりする。しかしそれは間違いで建築を正当化する理論は建築に内在する問題(線、空間、比例)でなければいけないと主張したのです。私としてはそのどちらも必要だと思っていて、そのどちらに軸足をおくかで建築の質が変わるのだろうと思っています。その意味でこの建築家の基点はその実例集として参考になろうかと思います。

建築を学ぼうかと迷っている高校生はこれを読んで建築を学ぶ気になりましたか。就活中の大学生は会社の認識を変えましたか。独立を迷っている建築士の皆さん。自律した建築家にジャンプする勇気が湧きましたか。そうではなくても結構です。結局最後に皆さんに伝えたいことは好きなことを楽しくやって生きていこうということです。そんなことできるわけないと言う前によく調べて、考えて、そして、チャレンジしてみたらどうでしょうか。建築は楽しい。その楽しさをやる前から放り投げていませんか？どうしたらその楽しいことを仕事にして生きていけるのかを考えてみください。

四〇年くらい前に私はそんなことは当然できると思って、よく調べもせずにやれることを行き当たりばったりやって、今となりました。戦略も計画もあったものじゃないのです。でもなんとかなりました。しかし現代っ子はそうはいきません。緻密な計画がないと怖くて前へ進めないのかもしれません。そこで少しでもその後押しをするために参考になればと思い、お恥ずかしながら、拙い経験を明かすことにいたしました。

「人生は短いのでしたくないことをしてはいけない」と私に言い続けたのは二〇二一年に他界した父親でした。子供の人生にほとんど無関心だった父親が唯一言っていたのはこんな言葉です。しかしこの理想主義の父親はそれを実現するために計算高いリアリストでもあり、私の理想を二回ほど否定したことがありました。一回目は私が高校生の時で、陶芸を学ぶため芸大に進学したいと言った時です。父は「陶芸は食えない」と言いました。それで泣く泣く選んだ第二志望が建築で、やってみたら結構面白くて今まで続いているというわけです。そして二回目は私が日建設計を辞めて独立すると報告した時です。父は「世界経済が悪化していて時期が悪い」と言いました。しかしこの時は、皮肉にも父の教えを守り、会社を辞めました。ほとんど私の人生に関与していなかった父親の数少ない教えが今の私を作っているのかと思うと不思議なものです。その意味でみなさんも、みなさんがやりたいことを充実させて生きていって欲しいと思います。

最後に、しかし最小ではなく、本書を世に出すことを手伝ってくれたフリックスタジオの高木伸哉さんに御礼いたします。そもそもアマゾンで電子出版して学生に読んでもらおうと思っていた原稿を高木さんが、出版しましょうとおっしゃってくれて、拙著『建築の設計力』同様、様々なアドバイスをくださり客観的な論に修正してくれました。こういう形で日の目を見ることとなったのはひとえに高木さんのおかげです。この場を借りて心より御礼いたします。

[著者略歴]

坂牛卓 Taku Sakaushi

建築家／東京理科大学教授。1959年東京生まれ。1985年UCLA大学院修了。1986年東京工業大学大学院修了。1998年よりO.F.D.A. associates を主宰。2009年信州大学工学部教授。2007年博士（工学）。2011年より現職。主な作品に「松ノ木のあるギャラリー」（インターナショナル・アーキテクチャー・アウォード2015年）、「運動と風景」（SD賞2017年）など。主な著書・翻訳書に『言葉と建築』（鹿島出版会、2005年）、『白い壁』（鹿島出版会、2021年）、『建築の規則』（ナカニシヤ出版、2008年）、『建築の条件』（LIXIL出版、2017年）、『建築の設計力』（彰国社、2020年）、『建築家の基点』（彰国社、2022年）、『教養としての建築入門』（中央公論新社、2023年）などがある。

会社を辞めて建築家になった

I left an architectural design company to become an independent architect

2023年3月31日　初版第一刷発行
2023年7月1日　初版第二刷発行

著作
坂牛卓

編集
高木伸哉／株式会社フリックスタジオ

ブックデザイン
加藤賢策・守谷めぐみ／LABORATORIES

DTP
大村聡一朗

印刷・製本
藤原印刷株式会社

発行・販売
株式会社フリックスタジオ
164-0003 東京都中野区東中野3-16-14小谷ビル5F
Tel：03-6908-6671／Fax：03-6908-6672
E-mail（販売部）：books@flickstudio.jp

ISBN978-4-904894-58-3